Helmut Zöpfl

Weil ich dem Leben vertraue

rosenheimer
raritäten

Helmut Zöpfl

Weil ich dem Leben vertraue

Gedanken zur Zeit

rosenheimer

Dr. Franz Heubl
zum 60. Geburtstag
herzlich zugeeignet

Inhalt

Dem Leben vertrauen

Wer die Zeitung liest,
weiß, wie weit es schon ist,
jeden Tag eine neue Gefahr:
Wälder sterben dahin,
Kriege ganz ohne Sinn . . .
Leider wird mir aufs neue dann klar:
Unserer Erde droht
bald Verderben und Tod.
Und die Zukunft erscheint mir oft grau.
Doch dann schau' ich mich um
und erkenne, warum
ich dem Leben noch immer vertrau':

Jeder Tag, der erwacht
aus dem Finstern der Nacht,
ist ein Zeichen für neuen Beginn.
Jedes Licht in der Welt,
das das Dunkel erhellt,
nimmt die Angst mir ein wenig dahin.
Jeder Stern, der erglüht,
jede Blume, die blüht,
jeder Grashalm, der grünt,
und am Baum jede Knospe, die springt,
ein Stück Hoffnung mir bringt,
daß fürs Schöne noch immer ist Raum.

Jedes freundliche Wort,
das ich hör' da und dort,
jedes Lächeln und frohe Gesicht,
jede Freundschaft, die hält
und durch nichts auf der Welt,
was auch immer geschieht, je zerbricht.
Jedes Ja, das man sagt,
auch wenn Sorge uns plagt,
jeder Dank, den ich hör', daß du bist.
Jeder Mensch, der echt liebt,
für den Nächsten sich gibt,
ist ein Zeichen, daß Hoffnung noch ist.

Jedes Kind, das ich seh',
ich als Botschaft versteh',
daß der Herrgott am Menschen noch nicht
seine Freude verlor,
an ihn glaubt wie zuvor.
Und drum glaub' an das Leben auch ich.
Tun wir alle dazu,
ich, wir alle und du,
daß das Leben Zukunft noch hat,
daß noch Hoffnung besteht
und bevor es zu spät,
auf der Erde sich wendet das Blatt!

HELMUT ZÖPFL

Grund zur Freude

Wer die Hauptüberschriften in der Presse liest, die Nachrichten hört, die Tagesschau sieht, der könnte fast auf den Gedanken kommen, daß unsere Welt nur mehr von Angst und Schrecken beherrscht wird. Dazu kommt, daß uns allenthalben Schlagworte wie »Zukunftsangst«, »Schulangst«, »Lebensangst« begegnen, und manchmal entsteht geradezu der Eindruck, daß man als Außenseiter angesehen wird, wenn man nicht ebenfalls ständig seine Angst, seine Lebensunlust, seinen Lebensunmut bekundet.

Damit wir uns nicht falsch verstehen: Tatsächlich ist vieles in unserer Welt und besonders in unserer heutigen Situation nicht unbedingt dazu angetan, Jubel auszulösen. Und es hieße die Augen vor den Realitäten verschließen, wollte man die vielen Ängste, die uns bei den verschiedensten Anlässen überkommen, als unbegründet abtun. Vielleicht war man auch lange Zeit zu optimistisch und hatte in einer bedingungslosen Fortschrittsgläubigkeit angenommen, die Welt würde immer besser und vollkommener werden, und es sei lediglich eine Frage der Zeit, bis sich das Paradies auf Erden einstellen würde. Hatte man also zunächst vielleicht in einem grenzenlosen Vertrauen auf irgendwelche anonyme Mächte wie Fortschritt, Technik usw. erwartet, »es« würde immer mehr

aufwärts gehen, so herrscht heute oft die pessimistische Meinung vor, »es« ginge langsam, aber sicher immer mehr bergab.
Gemeinsam ist diesen Haltungen eines: Man sieht sich häufig im Guten wie im Bösen überrollt von irgendwelchen Entwicklungen und steht in einer gewissen Passivität abwartend da. Zugegeben, es ist ein Kennzeichen unserer Zeit, daß wir trotz aller uns zuteilwerdenden Aufklärung vieles immer weniger verstehen, daß uns oft angesichts der Möglichkeiten der Technik im Guten wie im Bösen ein Ohnmachtsgefühl überkommt und daß wir manchmal einfach Angst bekommen, Angst vor dem Umgreifenden und Übergreifenden.
Was ist nun zu tun, wenn wir nicht immer mehr in Resignation verfallen wollen, wenn wir nicht als einzige Auskunft auf anstehende Probleme ein: »Da kann doch *ich* ohnehin nichts machen« hören wollen? Sollen wir wirklich bei der Bewußtmachung der Angst und Ängste stehenbleiben? Ich meine, daß es heute mehr denn je notwendig ist, sich auf die positiven Haltungen wie Hoffnung, Freude und Lebensmut zu besinnen. Gerade das Wörtlein »Freude« scheint in unserer Zeit ein arges Schattendasein zu führen. Albert von Schirnding stellte vor einiger Zeit die Frage, wo sie, der »schöne Götterfunke«, denn geblieben sei in unserer Welt, und vor einiger Zeit wurde von Meinungsforschern festgestellt, fünfzig Prozent der Befragten

hätten sich am betreffenden Tag überhaupt noch nicht gefreut, 21 % hätten wenigstens am Tag zuvor Freude empfunden und sage und schreibe 9 % hätten Freude seit mindestens einem Jahr oder überhaupt noch nicht kennengelernt.
Im Streiflicht der Süddeutschen Zeitung machte man sich damals dazu folgende Gedanken: »Liegt das Freudendefizit . . . am steigenden sozialen Anspruchsgedanken, das unterhalb eines sechsstelligen Lottogewinns keine echte Freude mehr akzeptiert. Oder ist nur das etwas altväterlich klingende Wort bei der jüngeren Generation schon so ›out‹, daß sie es nicht mehr mit Inhalten belegen kann, die zwar sachlich den Tatbestand der Lebensfreude erfüllen, aber unter andere Stichworte eingeordnet sind: Klasse, dufte, riesig, irre? Vielleicht sind die Menschen auch besser geworden, so daß der Verzicht auf kleine Bosheiten ihnen den Genuß der Schadenfreude schmälert. Die Tatsache, daß noch vor zehn Jahren ganze 66 % der Bundesbürger sich an eine Freude am gleichen Tag erinnern konnten, drängt freilich eher den Verdacht auf, die Jagd nach schablonierten Konsumfreuden brauche unsere Unzufriedenheit immer mehr als Motor.« (SZ vom 22. 4. 76)
»Unzufriedenheit als Motor« anstelle des »Lebensmotors Freude«? Stimmt es wirklich, daß wir in einer freudloseren Zeit leben als früher? Hat der Münchner Schriftsteller Sigi Sommer recht, wenn er von einer »mürrischen Genera-

tion« spricht? Oder ist das alles eine nostalgische Klage, daß eben früher in der »guten alten Zeit« alles besser, schöner und freudvoller gewesen sei?
Eines ist sicher, wir müssen uns vor Schwarzweißmalerei hüten. Gewiß gibt es auch heute Freude und ebenso gewiß gibt es auch noch genügend Anlässe zur Freude. Wir dürfen weder in die Einseitigkeit verfallen, nur die »Zeit« oder die »Gesellschaft« verantwortlich zu machen noch den »Menschen von heute« oder die »Jugend« pauschal als »un-freudig« hinzustellen. Wichtig scheint mir ohnehin, daß man den »Schwarzen Peter« nicht einfach weitergibt, sondern nach konkreten Möglichkeiten einer Verbesserung sucht. Eines ist sicher: Wenn wir das Negative überwinden wollen, müssen wir uns wieder stärker an das Lebenselixier Freude erinnern, uns der Freude öffnen. Sich der Freude öffnen bedeutet aber, sich aus einer gewissen Verkrampfung zu lösen, nicht einfach nur auf eine gute Stimmung zu warten, sondern zu suchen, die Augen aufzumachen und einer Sache, einem Erlebnis die positiven Seiten abzugewinnen. Wir brauchen deshalb nicht kritiklos die Augen zu verschließen vor irgendwelchen Mängeln in und um uns, müssen uns aber bewußt sein, daß wir Mängel nur überwinden können, wenn wir uns des »Treibstoffs« Freude bedienen.
Dazu ist notwendig, den rechten Blickwinkel

zu finden bzw. ein wenig hinter und über die Dinge zu schauen, mehr zu sehen. Ulrich Hommes gibt uns einen Tip dafür:
»Die Dinge sind ja meist doch anders, als wir das in geschäftiger Hast und Gier für gewöhnlich meinen. Sie sind gar nicht so glanzlos und haben sehr viel mehr Licht bei sich, als wir gemeinhin erkennen. Sollten wir nicht . . . einmal fragen: Wozu habe ich denn Hände und Füße, den Mund, den Verstand und das Herz? Gibt es nicht etwas, das da ist für mich und das mich froh machen will – das Weiß einer Wolke am Himmel zum Beispiel, der Duft eines Strauchs vor dem Fenster, zu essen und zu trinken auch, und miteinander zu reden? Jeder Tag, der uns geschenkt wird, ist voll von solch neuen Möglichkeiten, wir müssen sie nur entdecken und sie auch wirklich ergreifen.«
Diese Bemühungen um eine positive Einstellung zum Leben sind wohl unübertroffen klar und klug in einem alten chinesischen Sprichwort ausgedrückt:
»Der Narr ärgert sich, weil der Krug schon halb leer ist. Ein Kluger freut sich, daß der Krug noch halb voll ist. Der Ärger füllt den Krug nicht auf, die Freude macht ihn nicht leerer. Aber der Freude schmeckt das köstlich, was dem Ärger bitter erscheint.«
»Nicht in jeder Wolke steckt ein Blitz«, heißt es in einem Spruch aus Usbekistan, und steckt er drin, so schlägt er vielleicht nicht ein, so viel-

leicht nicht bei uns, und wenn bei uns, so sengt er vielleicht nur, tötet aber niemand.«

Und Helen Keller sagt:

»Mein Optimismus beruht nicht auf der Negation des Bösen, sondern auf dem frohen Glauben, daß das Gute überwiegt, und auf dem mächtigen Willen, immer mit dem Guten Hand in Hand zu arbeiten.«

Mit diesem Wort ist tatsächlich das Wesentliche gesagt. Niemand wird leugnen, daß es eine Verkürzung der Wirklichkeit wäre, nur das Gute zu sehen. Aber es kommt darauf an, die besseren Seiten des Lebens immer wieder zu suchen, nicht zu ermüden, sich auf den Weg zu machen und dem Leben positiv gegenüber zu stehen.

Kleine Zeichen

Vor ein paar Tagen haben wir unser fünfundzwanzigjähriges Abiturklassentreffen gefeiert. Wie es so kommen mußte, nach einiger Zeit standen wir vor der Frage: Weißt du noch? Haben Sie schon einmal darüber nachgedacht, welche kleinen Momentaufnahmen Ihnen aus Ihrer Schulzeit noch in Erinnerung sind? Häufig sind es gar nicht die »großen« Ereignisse, ganz selten die »rein« unterrichtlichen Fakten, die uns im Gedächtnis geblieben sind, sondern vielmehr die kleinen Episoden und Eindrücke am Rande. Meistens sind es geradezu die vom Lehrer überhaupt nicht eingeplanten Kleinigkeiten, die sich »einfach ereignet« haben, Lustiges und Trauriges: Stilblüten von Schülern und Lehrern, Streiche, die man ausgeheckt hat, etwas, was sich vor, zwischen oder nach den Schulstunden abgespielt hat. Kaum jemand erinnert sich etwa an eine auch noch so sorgfältig vorbereitete Stunde über die »Rheinische Tiefebene« oder an die »Einführung in die Berechnung des Kreisumfangs«. Dafür aber weiß man noch ganz genau, wie ein Versuch in Chemie nicht geglückt ist, worüber man mit dem Lehrer auf dem Wandertag geredet hat, wie er im Skilager bei jeder Gaudi mitgemacht hat oder wie er auf erfreuliche oder weniger erfreuliche aktuelle Ereignisse reagiert hat.

Vom Lehrer selbst sind uns oft Gesten, Gebärden, Worte in Erinnerung geblieben, an die dieser selbst sich vielleicht gar nicht mehr erinnert. Ich entsinne mich vornehmlich jener »Äußerungen«, die einen gewissen Einblick in die Persönlichkeit des Lehrers gaben: Ein persönliches Wort, Ergriffenheit, unmittelbare Fröhlichkeit, ein Bekenntnis zu oder gegen etwas.
Das über die Schule Gesagte gilt auch für die meisten Begegnungen in unserem Leben. Es sind viele scheinbare Nebensächlichkeiten, die unser Bild von einem Menschen geprägt haben. Kleinigkeiten sind es oft auch, die uns etwa beim Fernsehen einen nachhaltigen Eindruck hinterlassen. Ein Wort, eine Gebärde, eine Nebenbemerkung bewirkt oft mehr als ein abendfüllender, noch so sorgfältig geplanter Film, eine lange persönliche Rede oder sogar ein theologisch wohlfundiertes »Wort zum Sonntag«. Überlegen Sie selbst einmal, worauf Sie zum Beispiel bei Diskussionen achten! Wir wissen heute genau, welche Rolle die Kameraführung, der Blickwinkel usw. spielt, ob ich einen Politiker nur von seiner schlechtesten Seite zeige, oder ob ich ihn etwa auch einmal außerhalb einer fachlichen Diskussion kennenlernen kann, im Kreis seiner Familie etwa oder als amüsierten Zuschauer oder Mitspieler bei einer Unterhaltungssendung. Oft kommt man dann zu der Feststellung: »Der ist ja ganz anders, viel netter, als ich ihn mir vorgestellt habe«.

Zwei dieser kleinen »Nebensächlichkeiten« sind mir in der letzten Zeit aufgefallen: In der Sendung »Wetten daß ...« wurde die Wette aufgestellt, daß sich in Augsburg binnen kurzer Zeit fünfzig Klosterfrauen auf Fahrrädern einfinden würden. Einer der bei der Wette mitspielenden Ehrengäste, die Filmschauspielerin Senta Berger, wettete dagegen und konnte es sich nicht verkneifen zu sagen: »Wie ich die Klöster hier in Bayern kenne, ist das nicht möglich«. Die mehrfache Zahl der dann anradelnden fröhlichen Klosterfrauen war der beste Gegenbeweis.
Man kann über den Wert oder Unwert einer solchen Wette diskutieren. Tatsache aber ist, daß hier deutlicher als das vielleicht jeder Eineinhalbstundenfilm hätte tun können, einem so weitverbreiteten Klischee begegnet wurde, unsere Klosterfrauen wären humorlose und weltfremde Wesen, die keinen Spaß verstünden. Diese »Aufklärung« wurde auch einem Fernsehpublikum zuteil, das sonst einen Film über das Leben in bayerischen Klöstern erst gar nicht eingeschaltet hätte. Daß unsere Mönche und Nonnen, die, wo auch immer ich ihnen begegnet bin, zu den bewundernswertesten Persönlichkeiten unserer Tage zählen, gerade in den Medien zukünftig öfter in ihrer Arbeit gewürdigt werden, wäre, nebenbei bemerkt, nur zu hoffen.
Am Rande sei noch hinzugefügt, daß die be-

sagte Filmschauspielerin, wie sie öfter in Interviews betont, keinerlei Verbindung mit der Kirche hat, gerne Kampagnen gegen Vorurteile in unserer Gesellschaft startet. Ein rühmliches Unterfangen, wenn man bei sich selbst anfängt. Die zweite »Kleinigkeit«. Im Fernsehen wird ein Fußball-Länderspiel übertragen. Die Kamera ist auf den Spieler Karlheinz Rummenigge gerichtet. Dieser macht vor dem Spiel ein andächtiges Kreuzzeichen. Wer da meint, das sei nichts Besonderes, den möchte ich fragen, wer von uns es noch »wagt«, in aller Öffentlichkeit zu beten. Vielleicht hält man bei einem Tischgebet noch verschämt die Hände unter den Tisch. Aber man will ja »die andern« nicht vor den Kopf stoßen. Ich frage, ob man mit einer religiösen Geste in dieser Form wirklich jemand zu nahe tritt, oder ob man nicht etwa Angst hat, sich bloß lächerlich zu machen. Die Pluralität der Weltanschauungen, »die man eben zu achten habe«, meine ich, ist oft eine recht bequeme Ausrede für einen mangelnden Bekennermut.

Im übrigen meine ich, daß das Sportidol Karlheinz Rummenigge durch sein Bekenntnis vielleicht mehr bewirkt hat als viele noch so gut gemeinte (und auch durchaus notwendige) religiöse Sendungen. Es ist halt nun einmal so, daß der, der im Blickpunkt der Öffentlichkeit steht, eine immense Vorbildwirkung im guten wie im schlechten Sinne hat. Vielen »Prominenten«

wäre daher zu wünschen, daß sie das, was sie reden, auch zu leben versuchen – und wenn sie es nur durch »kleine Zeichen« dokumentieren. Aber auch Sie und ich, wir alle sollten uns manchmal mehr der Wirkung solcher »kleiner Zeichen« bewußt sein: Ein gutes Wort im grauen Alltag, ein herzliches Dankeschön, ein klares Bekenntnis kann so viel bedeuten. Die Welt, unsere Welt ist voll von Möglichkeiten, »Zeichen« setzen zu können, und sei's nur als Autofahrer an einer verstopften Kreuzung, wo wir dem andern mit einem freundlichen Gesicht zu verstehen geben, daß wir ihn, auch wenn wir »im Recht« wären, einbiegen lassen. Haben Sie eigentlich schon einmal bemerkt, wie schnell sich eine solche freundliche Geste, ein frohes Lächeln fortpflanzen kann? Probieren Sie es doch einmal aus!

Humor

»Der deutsche Humor ist seiner Seltenheit wegen besonders wertvoll« (Werner Mitsch) Gerade in der gegenwärtigen Pädagogik läßt sich eigentlich recht wenig Humor entdecken, wie ja auch die »Freude« ein Schattendasein darin führt. Vielleicht hängt dieses Fehlen schon damit zusammen, daß man sich sehr schwertut, den Humor zu definieren. »Humor«, meint nämlich Rudolf Presber, »ist das, was man nicht hat, sobald man ihn zu definieren beginnt.« Und welche Theorie will schon auf genaue Definitionen verzichten! Vielleicht gefällt es aber einer auf Feinziele curricular bedachten Didaktik auch nicht, daß man den Humor so schwer »operationalisieren« kann, weshalb man lieber darauf verzichtet. Oder könnte man sich ein Humor-Curriculum vorstellen – vielleicht, um die Schulebene zu verlassen und aufs berufspädagogische Feld zu kommen – ein »Humor-Curriculum« für zukünftige Büttenredner, das dann so aussehen könnte:

Kognitive Ziele: mindestens fünf Karnevalsrufe wie Kölle – Alaaf, Helau usw. kennen

Affektive Ziele: Freude am Mainzer Karneval empfinden; beim Einsetzen der Musik und der jeweils richtigen Stelle der Büttenrede lachen.

Psychomotorische Ziele: Bei Stimmungsmusik mitklatschen (mittrampeln), schunkeln.

Höhere Lernleistungen im Sinne des sogenannten Transfer wären dann z. B.: Ostfriesenwitze mit Witzen über Bayern, Preußen bzw. Österreichern vergleichen können oder eine vergleichende Studie über das Willy Millowitsch-Theater, das Hamburger Ohnsorg Theater und den bayerischen Komödienstadel.

Derjenige, der die Lernzielkontrolle und den jeweiligen Humortest erfolgreich bestanden hätte, würde ein Humor-Diplom bekommen, das die Vorbedingung für den Doctor humoris causa wäre.

Gott sei Dank aber kann man den Humor nicht operationalisieren, dozieren, konstruieren und so fort. Aber ein wenig auf die Spur kann man ihm schon kommen, und dabei kann man sich vielleicht den Spiegel vorhalten, ob man nicht eine ursprüngliche Gabe etwas verdeckt oder zu kurz kommen läßt in der für unsere Zeit so charakteristischen Hektik. Tatsächlich hat der Humor etwas zu tun mit dem Abstandgewinnen: Man sieht etwas von einer anderen Warte aus.

Humor ist nach Bert Brecht »Distanzgefühl«. Man steht ein wenig über den Dingen und setzt sich und seine Sorgen nicht absolut, kann vielleicht sogar über sich, seine Fehler und Unzulänglichkeiten lachen. So meint Bischof Kelly: »Wenn du nichts zu lachen finden kannst, so

hast du immer noch dich selbst.« Man sieht seine eigenen Grenzen, aber auch die vielen Unzulänglichkeiten dieser Welt. Gerhart Hauptmann nennt den Humor »Erkenntnis der Grenzen, verbunden mit grenzenloser Erkenntnis«. Und nur wer die Grenzen sieht, kann auch darüber hinwegsehen. Etwas sehen und trotzdem auch darüberwegsehen können, ist etwas für den Humor Kennzeichnendes. Heinrich Lützeler schreibt in diesem Zusammenhang: »Wenn die Verlachung des eigenen Ich, die für die Selbstironie kennzeichnend ist, sich auf die Welt als Ganzes ausdehnt, wenn die Welt als fragwürdig empfunden und zugleich bejaht wird . . . dann ist die Schwelle des Humors erreicht.« (in: Heinrich Lützelers fröhliche Wissenschaft, Freiburg 1978, S. 17).
Humor ist weder ein kritikloses Verschließen der Augen vor bestehenden Mängeln in der Welt, noch eine rein optimistische Schönfärberei, sondern er lebt geradezu aus dem Wörtchen »trotzdem«. Eine der bekanntesten Humorbestimmungen ist denn auch die von Bierbaum: »Humor ist, wenn man trotzdem lacht.« Der Humorvolle liebt die Welt und den Menschen, obwohl er deren viele Unzulänglichkeiten erkennt. »Er lächelt. Ist Optimist oder Pessimist. Beides und nichts von beiden. Über diesen Gegensatz ist er hinaus. Er fühlt und erkennt aus dem Ganzen. Im Ganzen hat auch das Kleine seinen Ort und seine Notwendigkeit.

Und seltsam, seinem klaren Auge wird manchmal selbst das Kleine noch zum unfreiwilligen Zeugen einer letzten, über die Welt waltenden Größe.« (Lützeler, a. a. O., S. 27)
Humor nimmt also gerade auch das Kleine ernst, erkennt es an, gibt ihm aber einen Platz im Ganzen, stellt die Relation her. Der Humor ist nach dem Gesagten also durchaus auch nicht in Gegensatz zum Ernst zu stellen, aber er ist »die Fähigkeit, heiter zu bleiben, wenn es ernst wird« (Ernst Petzold). Etwas ernst nehmen und doch heiter bleiben, das ist auch die gerade schon angesprochene Fähigkeit, sich nicht zu sehr in den Mittelpunkt zu stellen. Oliver Hassencamp sagt treffend: »Wir nehmen das Leben ernst, bis wir merken, daß es uns nicht ernst nimmt. Von da an kann es ganz gemütlich werden.«
Humor ist auch etwas, das aus dem Zentrum der menschlichen Person kommt, er ist herzlich, kommt vom Herzen und geht zum Herzen. So formuliert Rudolf Binding: »Der Humor ist eine Eigenschaft des Herzens – wie die Liebe. Es gibt Menschen, die *nicht lieben können;* wahrscheinlich sind es dieselben, die keinen Humor haben.«
Vielleicht ist diese Herzlichkeit, die ja auch der Unmittelbarkeit verwandt ist, heute besonders notwendig, gerade für uns, die wir in Gefahr sind, in allen möglichen Windungen und Umwegen zu denken und zu reden. Zitiert sei hier

auch St. Exupérys bekanntes Wort aus dem Kleinen Prinz: »Man sieht nur mit dem Herzen gut. Das Wesentliche ist dem Auge unsichtbar.« Wer mit dem Herzen schaut, schaut auch durch viele »Humorkiller« wie Verwaltung, Verordnung, Bürokratie usw. durch. Er blickt überhaupt besser durch.

Ein wenig muß man sich freilich auch um diese Gabe des Herzens bemühen. Es kommt auch auf unser Dazutun an, wie wir die Welt sehen, daß wir vor lauter Wald die Bäume noch sehen, vor lauter Gesellschaft noch den Menschen, den einzelnen, die Person wahrnehmen. Und vor allem kommt es darauf an, daß wir uns um eine positive Schau bemühen, denn ein altes arabisches Sprichwort sagt: »Ärgere dich nicht darüber, daß der Rosenstrauch Dornen trägt, sondern freue dich, daß der Dornenbusch Rosen trägt.«

Gerade in der Erziehung stellt der Humor das Element dar, das verhindert, daß etwas zu trocken, zu sachlich, zu stur wird. Er ist das Öl, das die Wogen glätten kann, Reibungen verhindert oder mildert. Und in dieser Hinsicht ist es auch etwas Versöhnliches, Ausgleichendes. Kein Wunder, daß ein Spruch sagt, Erzieher ohne Humor seien wie farbenblinde Maler. Humor, der »Schwimmgürtel auf dem Strom des Lebens« (Raabe) – ist er nicht etwas ganz Wesentliches, wenn wir Erziehung als »Lebenshilfe« definieren, hilft er uns doch, das Leben mit seinen Schwierigkeiten zu bestehen, gleichzeitig aber immer in ihm das Großartige, Schöne zu sehen. Wenn wir in der Erziehung immer wieder davon sprechen, daß sie »Hilfe zur wesensgemäßen Selbstverwirklichung« (F. Stippel) leisten soll, dann leistet Humor für die Orientierung an dem, was wesensgemäß und wesentlich ist, wertvolle Hilfe: Er ist es nämlich, der, wie Erich Kästner sagt, »den Augenblick an die richtige Stelle rückt« und »uns die wahre Größenordnung und die gültige Perspektive lehrt. Er macht die Erde zu einem kleinen Stern und uns selber bescheiden.«

Solidarität

Nachdem man jahrelang nichts mehr davon gehört hat oder hören wollte, erinnert man sich in den letzten Jahren plötzlich wieder der Werte. Kaum eine politische Aussage, in der nicht auf die Rückbesinnung auf die Werte, die Orientierung an den Grundwerten, auf tragende Wertgebäude usw. verwiesen wird. Beileibe nichts gegen eine solche Besinnung. Nur, ich habe manchmal den Eindruck, diese Berufung auf die Werte ist da und dort schon zu einer recht inhaltslosen Floskel geworden. Ganz selten nämlich versucht man auch konkret zu sagen, was man denn unter einem Wert zu verstehen habe und welche Werte überhaupt gemeint sind. Nach wie vor scheut man sich noch vor konkreten Aussagen. Da müßte man sich festlegen und würde sich allen möglichen Angriffen aussetzen. Aber man will halt möglichst viele, am liebsten alle erreichen. Und die, so glaubt man, erreicht man nur, wenn man möglichst allgemein, das heißt aber dann auch oft: unverbindlich ist. Deshalb wird unter allen Werten am liebsten die Solidarität beschworen.

Solidarität – das klingt modern und anspruchsvoll, sagt aber auch wenig aus. Wer im Lexikon nachblättert, findet darin folgende Definition: »Zusammengehörigkeitsgefühl von Individuen oder Gruppen (in einem sozialen Ganzen) . . .

Von der Soziologie wird Solidarität allgemein als ein Zustand gedeutet, in dem sich eine Vielheit als Einheit verhält, wobei dieses Verhalten in der Regel durch störende Eingriffe von außen motiviert ist.« (Meyers Enzyklopädisches Lexikon).

Was bedeutet das genauer? Sicher, daß man zusammenhält, gemeinsam etwas ausdenkt, erarbeitet und durchsetzt. Solidarität war einmal in sich progressiv gebenden Kindersendungen ein beliebtes Lern- und Erziehungsziel. Man versuchte den Kleinen beizubringen, sie würden sich gemeinsam auch gegen die bösen Erwachsenen behaupten können, gemäß dem Schillerwort:

»Vereint ist auch der Schwache mächtig.«

Ein wenig problematischer wird es schon, wenn man weiter fragt, wogegen oder wofür man solidarisch sein soll. Beim Wogegen stand jahrelang die Gesellschaft als Hauptgegner fest. Von dieser unkritischen Verteufelung ist man zwar ein wenig abgekommen, aber wofür man sich gemeinsam einsetzen soll, bleibt weiterhin doch recht unklar. Solidarität an sich ist also etwas durchaus Wertneutrales, und erst an dem Wofür gewinnt sie ihren Wert, möglicherweise aber auch ihren Unwert. Auch Einbrecher, Mörder und Terroristen können schließlich solidarisch ein Verbrechen planen und durchführen. So kommt es eben in erster Linie darauf an, ob das Ziel gut oder schlecht ist. Und dieses

Gut oder Schlecht erfordert eine klare Wertaussage.
Freilich, meist wird dieses Zusammenhalten, Zusammenstehen etwas Wertvolles sein. Dann nämlich, wenn man sich für den andern als Menschen, als Freund oder Nächsten einsetzt, wenn man zu jemand steht, für jemand da ist. Da gäbe es auch eine Reihe wohlbekannter wertvoller Haltungen wie Freundschaft, Treue, Nächstenliebe. Aber für viele klingen diese Begriffe offensichtlich zu altmodisch. Da hört sich Solidarität schon besser an. Gerade aber zwischen Nächstenliebe und Solidarität ist ein großer Unterschied. Nirgends ist der Begriff der Nächstenliebe großartiger verdeutlicht als im Gleichnis vom Barmherzigen Samariter. Hier geht es nämlich nicht um eine gemeinsame Aktion, ein Durchsetzen von Ideen usw., hier geht es schlicht und einfach um den andern, der einen braucht, für den man da zu sein hat. Und damit offenbart sich auch der tiefere Gehalt jeder Besinnung auf Werte. Jeder Wert entscheidet sich an der Grundhaltung, die man dem Nächsten gegenüber einnimmt. Auf diesem zentralen Gebot des Christentums müssen im letzten alle Werteinstellungen gründen. Wer in den Werten nur etwas Starres, Überzeitliches sieht, der läuft sogar Gefahr, zu einem Prinzipienreiter zu werden, der geradezu unmenschlich handeln kann. Auch wenn Erich Kästners »Es gibt nichts Gutes, außer man tut

es«, etwas provokatorisch klingen mag – richtig ist, daß das Entscheidende nicht eine theoretische Wertbetrachtung, sondern die Tat ist, zu der gerade wir, du und ich im Augenblick durch den Nächsten herausgefordert werden. Meister Eckehart hat das sehr deutlich gesagt: »Immer ist die wichtigste Stunde die gegenwärtige. Immer ist der wichtigste Mensch der, der dir gerade gegenübersteht. Immer ist die wichtigste Tat die Liebe.«

Fortschritt

Noch vor ein paar Jahren war er einer der für Parteiprogramme unerläßlichen Begriffe. Auch in allen möglichen Plänen und Programmen tauchte er auf: der Fortschritt. Im Namen des Fortschritts, hieß es da oft, ist dieses oder jenes unerläßlich. Begriffe wie »fortschrittfeindlich«, oder »nicht progressiv« galten geradezu als Schimpfwörter. Seit ein paar Jahren hat sich nun eine interessante »Tendenzwende« vollzogen. Zu viele negative Begleiterscheinungen des Fortschritts hatten nachdenklich gemacht, und die oft gedankenlose Fortschrittsgläubigkeit ist einer doch recht skeptischen Einstellung diesem gegenüber gewichen. Longoni hat dieser Skepsis recht eindrucksvoll so Ausdruck verliehen: »Die moderne Formel für die Entwicklung der Menschheit lautet: Fortschritt gleich Lärm plus Umweltverschmutzung plus Krebs, multipliziert mit Isolation.«
Da und dort besteht nun sogar die Gefahr, daß das oft blinde Fortschrittsvertrauen einer wiederum recht kurzsichtigen Fortschrittsfeindlichkeit gewichen ist. Gleichbleibend bei diesem einseitigen »Für« oder »Wider« ist, daß man sich hier wie dort keine oder viel zu wenig Gedanken über Begriff und Wesen des Fortschritts macht. Zunächst ist der Fortschritt an sich weder gut noch schlecht, er bedeutet ledig-

lich eine Veränderung. Nun kann man bekanntlich von einem schlechteren in einen besseren, aber auch von einem besseren in einen schlechteren Zustand voranschreiten. Tatsache ist aber auch, daß jedes Fortschreiten ein Weggehen von einem gewohnten Standort bedeutet und somit auch ein Wagnis darstellt.
Wegschreiten allein, auch wenn es mit immer moderneren Mitteln der Fortbewegungstechnik geschehen mag, bedeutet aber beileibe noch keine Verbesserung. Außerdem ist eine Verbesserung auf dem einen Gebiet oft mit Verschlechterungen auf anderen Gebieten verbunden. Alberto Sardi meint hierzu humorvoll: »Den Fortschritt erkennt man daran, daß die Flüge kürzer werden, die Auffahrten zum Flughafen immer länger.«
Dieser Problematik hat sich besonders im Bereich der oft recht fadenscheinigen Umweltverbesserung gezeigt. Auch hätte man sich darüber im klaren sein müssen, daß es auf verschiedenen Gebieten eben keinen Fortschritt geben wird. Liebe, Treue, Freundschaft usw. sind nicht dem Fortschritt unterworfen. Allenfalls die Bedingungen mögen sich geändert haben.
Ein großer Irrtum der Fortschrittsgläubigkeit war auch, daß man glaubte, die Vervollkommnung der Mittel und Methoden würde automatisch eine Verbesserung der Ergebnisse mit sich bringen. Recht sarkastisch meint St. Lec: »Ist es ein Fortschritt, wenn ein Kannibale Messer und

Gabel benutzt?« Und Thornton Wilder verweist auf das Problem des Fortschritts, wenn er sagt: »Unter Fortschritt versteht man eher das Tempo als die Richtung.« Und ähnlich formuliert John B. Priestley: »Leute, die den Fortschritt nur um der Bewegung willen haben möchten, kommen mir vor wie Autos mit Motoren, aber ohne Lenkrad.«

In der Tat kann eine Gefahr der Fortschrittsgläubigkeit darin bestehen, daß man vor lauter Voranschreiten übersieht, daß es nicht nur eine horizontale Richtung gibt und man in einem blinden »Weiter« Wesentliches übersieht. So sagt Joseph Roth: »Der Begriff Fortschritt allein setzt bereits die Horizontale voraus. Er bedeutet ein Weiterkommen und kein Höherkommen«, und Christian Morgenstern warnt sogar: »Alles Vorwärts der Menschen geht auf Kosten ihres Einwärts.«

Wichtig ist die Einsicht, daß vollkommenere Methoden allein ebensowenig ein besseres Leben bedeuten, wie mehr Wissen schon mehr Sinnerfüllung bringt.

Wie gesagt, muß aber auch davor gewarnt werden, den Fortschritt und alles, was damit zusammenhängt, zu sehr zu verteufeln. Zweifelsohne haben die Naturwissenschaften und die Technik enorme Erfolge erzielt, die sich für den Menschen sehr positiv auswirken können, vor allem, wenn er noch mehr als bisher lernt, das neue Wissen auch vors Gewissen zu bringen. Die medizinische Forschung kann als exemplarisch für diesen Fortschritt gelten. Aber gerade hier zeigt sich heute eine ganz wesentliche Neubesinnung. Die Medizin versucht sich heute wieder mehr vom reinen Spezialistendenken wegzubewegen, zurück zu einer größeren Orientierung am ganzen Menschen. Und mit diesem »Zurück« ist gesagt, daß Fortschreiten auch eine Rückbesinnung sein kann. In bloßer Rückschau, starrem Beharren an Gegenwärtigem und blindem Losrennen in die Zukunft werden wir den Weg zur Bewältigung der Probleme unserer Zeit nicht finden. Fortschritt im Sinne einer Bemühung um eine bessere Welt bedeutet ein Lernen aus der Vergangenheit, ein sinnvolles Gestalten der Gegenwart und eine vertrauensvolle Hinwendung an die Zukunft und ihre Aufgaben. Fortschritt heißt Bewegung, aber auch Mut zum Standpunkt. G. K. Chesterton sieht den wahren Fortschritt darin, daß man »nach der Stelle ausschaut, auf der man stehenbleiben kann.«

Gespräche

Neulich war wieder eine der sogenannten Gesprächsrunden im Fernsehen, mit einem Moderator selbstverständlich. Ich erfuhr in dieser Runde viel Interessantes, nicht zuletzt aber war sie Anlaß, mir ein wenig Gedanken über das Gespräch an sich zu machen, und ich dachte an das, was Joseph Wechsberg schreibt: »In der modernen Diskussion teilt niemand die Meinung des andern . . .«

Jeder stellt sich dar. Eine Sendung dauert eine bestimmte Zeit, und der Moderator stellt jedem eine Sprechzeit zur Verfügung. Wer kann es sich da schon leisten, diese Zeit nicht zu nutzen. Zeit ist schließlich Geld. Und es ist die große Chance, sich ins rechte Licht zu setzen. Dieses »Etwas-Sagen-Müssen« lastet offensichtlich auch bei vielen Tagungen und Sitzungen auf den Teilnehmern. Wie könnte es sonst sein, daß sich immer wieder Leute zu Wort melden, das Wort ergreifen (und nicht mehr abgeben), die – zumindest in diesem besonderen Fall – nichts oder nur wenig zu sagen haben. Selbst bei Angelegenheiten, die von vorneherein sonnenklar sind, wird geredet, endlos geredet, und wenn es die wortreiche Begründung ist, warum man dem Vorredner zustimmt, der seinerseits vorher Übereinstimmung mit seinem Vorredner bekundet hat.

Hier ist wenigstens offenbar noch zugehört worden. Oft aber fehlt dieses für eine Unterhaltung so wesentliche Moment. Wechsberg drückt es so aus: »Heutzutage besteht die Unterhaltung darin, daß der eine es kaum mehr erwarten kann, dem andern ins Wort zu fallen ... Während der eine redet, lauert der andere schon darauf, daß jenem die Logik, die Überzeugungskraft, der Faden oder am besten der Atem ausgeht. Kaum macht er eine unfreiwillige Pause, bemächtigt sich der andere des konversationellen Vakuums und beginnt zu reden ... In der heutigen Form von Unterhaltung siegt ... der Stärkere, in diesem Fall der Mensch mit den schnelleren Reflexen und der lauteren Stimme. Die andern hören mitten im Satz auf, und jetzt sind sie böse. Sie starren dem Redner verbittert auf den Mund, in der Hoffnung, er möge sich auf die Zunge beißen.« (Joseph Wechsberg, Lebenskunst und andere Künste, München 1980, S. 32 f)
Jeder denkt darüber nach, was er hätte sagen wollen oder in der knappen Zeit noch hätte sagen können, und wie er sich das nächste Mal besser durchsetzen könnte. Er wartet eigentlich nur, um dem andern bei einem entsprechenden Stichwort ins Wort fallen zu können.
Ich erlebe immer wieder Vorträge mit anschließender Diskussion, in denen Diskussionsteilnehmer statt Fragen an den Redner zu richten, Koreferate halten, die oft länger sind als die

Hauptrede. Die Kunst einer kurzen, präzisen Fragestellung scheint bei diesen Diskussionen überhaupt abhanden gekommen zu sein. Aber vielleicht will man auch gar nicht fragen. Man hat ja ohnehin bereits seine Antwort parat. Und sich selber in Frage stellen? Ja, wo käme man da hin? Man erinnere sich an Plato und Sokrates, die ihre Äußerungen oft mit einer Frage beschlossen: »Und was sagst du, mein Freund Timotius?« Das aber interessiert wohl niemand mehr.

Politikerreden können auch als beredtes Beispiel für eine gewisse Gesprächsmisere gelten. Hierzu meint Wechsberg: »Die Reden der Staatsmänner werden weniger nach ihrem Inhalt als nach ihrer Dauer gewertet. Die Marathonredner, die vor den Parteigenossen fünf Stunden lang reden, oder oppositionelle Senatsmitglieder, die dreizehn Stunden lang den Mund offen haben, um den Gegner nicht zu Wort kommen zu lassen – wobei es gleichgültig ist, was sie sagen –, gelten als Helden unserer Zeit.« (a. a. O., S. 33)

Die Erkenntnis, daß Quantität nicht Qualität ersetzen kann, ja die Länge der Aussage deren Qualität geradezu entgegenwirken kann, scheint sich noch nicht herumgesprochen zu haben. Churchill erzählt mit Selbstironie, daß es ihn bei seinen vielen Reden nie gestört habe, wenn jemand auf die Uhr schaute, sondern erst, wenn einer die Uhr ans Ohr gehalten habe, um festzustellen, ob sie nicht stehengeblieben sei. Die alte Regel: »Rede über alles, nur nicht über zehn Minuten« hat leider meist zu wenig Geltung. Für viele Reden gilt natürlich auch Robert Lembkes spitze Bemerkung: »Ob sich Redner darüber klar sind, daß neunzig Prozent des Beifalls, den sie beim Zusammenfalten ihres Manuskripts entgegennehmen, ein Ausdruck der Erleichterung ist?«

Wir brauchen aber gar nicht auf andere zu verweisen. Haben wir nicht alle immer mehr verlernt, miteinander zu reden? Interessiert uns noch, wenn uns andere ihre Meinung mitteilen, oder sind wir nicht von vornherein der Auffassung, daß wir die Meinung des andern ohnehin nicht teilen? Haben wir uns heute immer weniger zu sagen? Wie käme es sonst, daß man so gerne davon Gebrauch macht, sich durch den Lärm der Musik einer Disco, einer Blaskapelle oder auch eines Walkmans vor dem Gespräch zu drücken? Sicher ist die Gesprächsmisere Ausdruck einer gewissen Vereinsamung des Menschen in der Masse. Noch nie ist so viel über Unterhaltung geredet worden, und noch nie hat man sich so wenig unterhalten. Wir reden *über* alles mögliche, aber immer weniger miteinander. Dabei fänden wir mit Hilfe des Gesprächs nicht nur zum andern, sondern auch zu uns, wie es Martin Buber ausdrückt: »Im Gespräch begegne ich nicht nur den andern, sondern mir selber.«

Die anderen

Man möchte es nicht glauben: In unserer Zeit, in der man gemeint hat, man hätte die ganze Erde bis in ihre geheimsten Winkel erkundet und auch die fernsten Stämme erforscht, kommt es immer wieder zu aufsehenerregenden Entdeckungen. Kennen Sie beispielsweise diesen merkwürdigen Volksstamm, dem viele, viele Menschen angehören. Es gehören ihm ganz sonderbare Typen an, die, wenn wir sie mit uns vergleichen, seltsamerweise sehr oft negative Charaktereigenschaften und Untugenden haben. Einige Beispiele: Wenn *wir* sparsam sind, sind *diese* Leute geizig, sind *wir* vorsichtig, so sind *sie* feige. *Wir* sind ordentlich, *sie* pedantisch, *wir* halten einen gesunden Abstand, *sie* sind arrogant. *Wir* sind witzig, *sie* albern. *Wir* haben einen Standpunkt und *sie* sind festgefahren. *Wir* gehen mit der Zeit und *sie* sind Opportunisten. *Wir* denken rationell, *sie* aber berechnend. *Wir* sind originell, *sie* aber seltsame Käuze.

Es gäbe noch eine ganze Menge über diesen Stamm zu sagen. Wie er heißt? Sie haben es erraten: Es sind die »anderen«. Irgendwie brauchen wir den Stamm aber doch schon, um uns von ihnen positiv abzuheben. Auf sie läßt sich auch viel schieben, denn schuld sind nun einmal häufig die anderen. Lichtenberg schreibt über unser Verhältnis zu diesem »Volk«: »Jeder Fehler erscheint uns *dann*, wenn andere ihn begehen.« Vielleicht sollten wir uns doch um diesen »Stamm« annehmen, denn irgendwie gehören wir ihm ja auch an und sind selber in den Augen der einen die anderen.

Und nun im Ernst. Der Mensch ist von seiner Natur her auf den anderen angewiesen. L. Börne meint: »Vieles kann der Mensch entbehren, nur den Menschen nicht.« Und Martin Buber sagt: »Das Ich wird erst am Du zum Ich«. Unsere Selbstverwirklichung führt, ob wir wollen oder nicht, über den Weg zum anderen. Das wußte bereits Seneca, wenn er formuliert: »Willst du für dich leben, leb für andere.« Und André Gide stellt fest: »Der beste Versuch, sich selbst kennenzulernen, ist der Versuch, andere zu verstehen«.

Wenn wir dem Verstehen noch ein wenig von der Zauberessenz Güte und Liebe beimischen, erscheint der andere plötzlich ganz verwandelt. Dabei gilt nicht nur, was Eugen Roth sagt: »Ein Mensch ist manchmal wie verwandelt, sobald man menschlich ihn behandelt«. Beherzigenswert ist auch noch ein anderes Wort: »Schön ist eigentlich alles, was man mit Liebe betrachtet.« (Christian Morgenstern)

Kunst

»So wie man einen Beamten, der wahrscheinlich nur Inspektor ist, vorsichtshalber als Regierungsrat tituliert, weil er sich eventuell als solcher herausstellen könnte, so tituliert man ein Machwerk als Kunst, weil es sich eventuell als solches herausstellen könnte.« (Meier O'Mayr)

Ganz leicht macht sie es einem ja wirklich nicht, die Kunst, auch wenn noch so viel über sie diskutiert wird. Wieviel Gespräche werden gerade zur Zeit wieder über die Kunstfreiheit geführt. Und die meisten sind durchaus der Meinung, daß es diese Freiheit geben müsse. Nur was das ist, dessen Freiheit man schützen müsse, dieser Frage weicht man gerne aus. Hans Maier sagt in seiner Rede »Kunst – Kunstfreiheit – Kunstförderung« (gehalten anläßlich des 175jährigen Bestehens der Akademie der Bildenden Künste in München am 15. Juli 1983) mit Recht: »Während sich Millionen von Bürgern als Produzenten, Vermittler, Wissenschaftler, Kritiker und Konsumenten mit Kunst beschäftigen, während jedes Jahr öffentliche Gelder in Milliardenhöhe für die Förderung der Kunst ausgegeben werden, kann uns heute niemand unwidersprochen erklären, was Kunst sei. Die Eingrenzung, die allmähliche Verflüchtigung des Kunstbegriffs läßt eine allseits befriedigende Definition . . . nicht mehr zu.«

Gerne sei eingeräumt, daß Kunst nicht bis ins letzte definierbar, interpretierbar und analysierbar ist. So formuliert auch Kessel etwas ironisch: »Kunst ist das, was übrig bleibt, nachdem alles an ihr bis ins letzte analysiert worden ist.« Und doch wäre es vielleicht eine recht wertvolle Hilfe für viele, wenn wir da und dort etwas mehr Interpretationshilfe bekämen. Gerhart Hauptmann sagt: »Kunst ist Sprache: also im höchsten Sinn soziale Funktion.« Mussorgsky nennt sie »nicht ein Ziel, sondern ein Mittel, die Menschheit anzusprechen.« Kunst scheint es also doch mit Mittelbarkeit zu tun zu haben.

Von dem einen Extrem einer absoluten Durchschaubarkeit hin zu einer Zurückgezogenheit in den Elfenbeinturm des Unverständlichbleibenwollens ist eine weite Strecke. Zwischen zwei weiteren Extremen bewegt sich die Kunst. Da ist das eher traditionelle harmonische und ästhetische Moment auf der einen und das provokative, ja eher destruktive auf der anderen Seite. Kunst kann nicht alles aussprechen und alles nur in rosa Farben malen. So hebt auch Sigmund Graff Kunst vom Kitsch folgendermaßen ab: »Der Kitsch spricht alles aus, während die Kunst alles nur andeutet.«

Worum es uns hier geht, ist aber gerade dieses Andeuten. Kunst kann und soll uns helfen, die Welt zu deuten, sie sollte uns aber auch Deutungsmöglichkeiten geben und sich nicht ein-

fach darin begnügen, Undeutbares, Rätselhaftes zu sein, im Sinne eines Wortes von Karl Kraus, nach welchem ein Künstler einer ist, »der aus der Lösung ein Rätsel machen kann.«
Herbert Rosendorfer hat in seiner Erzählung »Ball bei Thod« diese Art der Kunstauffassung herrlich karikiert:
»Durchlauchtigste Herzogin, Herr von Thod, meine Idiotinnen und Idioten.
In jedem Zweig der Künste wurden in den letzten zehn Jahren unbestreitbar größere Fortschritte erzielt als in der gleichen Anzahl Jahrzehnten vorher. Der Fortschritt der letzten Jahre ist nicht auf die immer raschere Entwicklung neuer Stilrichtungen beschränkt. Den Fortschritt kennzeichnet vor allem die Emanzipation der Künste vom Material.
Ich nenne einige Beispiele:
Es gibt Musikstücke, die nur mehr aus einem einzigen, lang ausgehaltenen Ton bestehen. Die Musik hat sich damit weitgehend von Melodie, Harmonie und Rhythmus emanzipiert.
Es gibt Bilder, die nur mehr aus unbemalter Leinwand bestehen. Die Malerei hat sich damit weitgehend von Farbe und Gestaltung emanzipiert.
Es gibt Plastiken, die nur mehr aus einer Ansammlung alltäglicher Gegenstände – etwa leeren Flaschen – bestehen. Die Bildhauerkunst hat sich damit von den Fesseln der Form befreit.
Es gibt lyrische Gedichte, die nur mehr aus

einer Anzahl zusammenhangloser Konsonanten bestehen. Die Literatur hat sich damit endlich von den Vokalen befreit.
Es gibt Kunstwerke, die in keine Kunstgattung mehr einzuordnen sind, etwa ein ›Loch‹ in einer Museumswand. Die Kunst hat sich damit fast schon vom Material gelöst und ist in den rein theoretischen Raum vorgedrungen.
Aber damit ist es noch nicht genug. Um die Kunst endgültig der gesellschaftlichen Korruption zu entziehen, muß sie die Materie verlassen. Was Sie jetzt sehen werden, ist ein materiefreies Kunstwerk, ein Triumph des Fortschritts. Ich führe Ihnen nämlich nichts vor. Sie sind gehalten, dieses Nichts-Vorführen als Kunstwerk zu verstehen.
Ich danke Ihnen.« (Herbert Rosendorfer, Ball bei Thod, München 1980, S. 24 f).
Nicht alles, was verständlich und populär ist, ist Kunst, aber beileibe auch nicht alles, was unverständlich ist. Genauso ist es mit dem Element des Negativen, Destruktiven und Bösen. Großartig hat das seinerzeit Papst Johannes Paul bei seiner Ansprache vor den Künstlern in München gesagt: »Gegen die Darstellung des Bösen in seinen Formen und Gestalten ist auch im Namen des christlichen Glaubens und der Kirche an sich nichts einzuwenden. Das Böse ist eine Realität, deren Ausmaße gerade unser Jahrhundert, gerade auch Ihr Land und meine Heimat, bis an die äußersten Grenzen erlebt

und erlitten haben. Ohne die Realität des Bösen ist auch die Realität des Guten, der Erlösung, der Gnade, des Heils nicht zu ermessen. Das ist kein Freibrief für das Böse, aber ein Hinweis auf seinen Ort. Und hier ist auf einen nicht unwichtigen und nicht ungefährlichen Tatbestand hinzuweisen. Kann der Spiegel des Negativen in der Vielfalt heutiger Kunst nicht zum Selbstzweck werden? Kann er nicht zum Genuß am Bösen, zur Freude an der Zerstörung und am Untergang, kann er nicht zum Zynismus und zur Menschenverachtung führen?
Wenn die Realität des Bösen gezeigt wird, dann will dies, auch in der inneren Logik der Kunst, das Furchtbare als furchtbar aufzeigen, erschüttern. Somit zielt diese Darstellung nicht darauf, daß es beim Bösen bleibt; vielmehr darauf, daß es nicht schlimmer, sondern anders, besser wird. Du mußt dein Leben ändern, du mußt umkehren und einen neuen Beginn setzen, du mußt dem Bösen widerstehen, damit es nicht das letzte Wort behalte und die alles bestimmende Wirklichkeit werde. Dies ist nicht nur Ruf und Mahnung der Kirche, es ist auch Aufgabe der Kunst und Publizistik in allen Bereichen – und dies nicht erst durch eine nachträgliche und zusätzliche moralische Hypothek . . .«
Bemerkenswertes wurde in dieser Richtung auch von Heinz Friedrich anläßlich seiner Amtsübernahme als Präsident der Bayerischen

Akademie der schönen Künste gesagt: »Eines jedenfalls ist Schönheit mit Sicherheit nicht, nämlich das, was deren Verächter von ihr annehmen: ein seraphischer, jeder Spannung entrückter Zustand unwirklicher Harmonie, die das Leben dem Leben entrückt, um nicht zu sagen: die das Leben sich selbst entfremdet. Denn Leben ist Bewegung, und Bewegung ist nur möglich, wo Energie Spannung erzeugt . . . Schönheit wird nicht zum Ereignis ohne ihren Gegenpart, das Häßliche. Schönheit ist ein kreativer, ein dramatischer Prozeß, der nicht in statischer Vollkommenheit mündet – und dort edel erstarrt –, sondern der das Vollkommene wieder in Frage stellt durch die schöpferische Bewegung, die in Gang hält. . . . Die durch sie geschaffene Harmonie verdeckt nicht die Wunden unserer menschlichen Existenz, indem sie eine Heile Welt vorgaukelt, sondern erhebt sie in jene Sphäre, wo sie als Tragik – oder Komik – des menschlichen Daseins erlebt werden kann.« (Börsenblatt 56/15. 7. 83, S. 1561 f).

»Die Kunst«, erklärt Nietzsche, »vermag den Ekelgedanken über das Dasein in die Vorstellungen des Erhabenen und Komischen umzubiegen.«

Um dieses Wollen geht es. Wie etwas nicht nur deshalb Kunst ist, weil es unverständlich ist, ist nicht alles, was häßlich, zerstörerisch ist, schon deshalb Kunst. Heute ist so viel von Lebenshilfe die Rede, die wir in einer teilweise lebensfeindlich gewordenen Welt vornehmlich den jungen Menschen geben müssen. Ich meine, daß Kunst gerade in einer Zeit, die an einem Mangel an Phantasie leidet, einiges an Lebenshilfe beitragen könnte. Aber da reicht eben die Provokation, das Aufzeigen des Bösen allein nicht aus. Kunst kann und soll den Menschen betroffen machen, auf Grenzsituationen, auf Wesentliches hindeuten, sie kann durchaus provozieren, aber sie sollte die Möglichkeiten der Reinigung, des Heilens und Konfliktlösens nicht total von sich weisen. Kunst als lebendiger Prozeß darf auch nicht im Pessimismus erstarren. Irgendwie lehrt die Kunst auch den Optimismus und eine letzte Lebensbejahung. Sie darf aber auch nicht erstarren im Musealen. »Kunst soll etwas anderes tun als im Museum auf dem Hintern sitzen«, sagt Oldenbourg. Nur in diesem Bemühen um Lebendigkeit kann sie diese Aufgabe der Lebenshilfe mit übernehmen. Und dieser Lebendigkeit dient es auch, wenn sie sich in Frage stellen läßt, und sich selber gegenüber kritisch ist.

Bloß dagegen? Nein danke!

Wer mit wachen Augen und Ohren durch die Straßen geht, bemerkt, daß die Worte »Nein« und »Gegen« derzeit wieder Hochkonjunktur haben. Es gibt eine ganze Reihe von Parteien, deren politisches Programm auf die Aussage zusammengeschrumpft zu sein scheint, daß sie gegen die anderen sind. Man ruft das Volk auf, diese oder jene Mehrheit zu vermeiden, einer Übermacht Grenzen zu setzen, den einen oder anderen Politiker zu stoppen oder seine Macht zu brechen. Und die Alternative mancher »Alternativen« scheint darin zu bestehen »Nein danke« zu sagen.

Haben sie schon die neueste Mode entdeckt, die Knöpfe, die »Buttons«, die den Jugendlichen zum »Schmuck« angeboten werden mit den diversen Parolen wie »Schule ist Mist«? Auch da entdeckt man mehr Aussagen, wogegen als wofür man ist, sieht man von ein paar Idolen aus der Pop- und Rockmusikszene ab, deren Namen auf den Knöpfen abgedruckt sind. Daß der Jugendliche mit dem Kauf dieser Nein-Plakette ein eindeutiges Ja zum Profit der Hersteller jener Erzeugnisse sagt, sei nur nebenbei erwähnt.

Ein wenig ist bei all den Nein-Parolen noch die Ideologie jener Aufklärer zu hören, die uns vor geraumer Zeit weismachen wollten, daß es Aufgabe des mündigen Bürgers sei, zunächst einmal gegen alles Bestehende zu sein und so seine Emanzipation zu erreichen. Auch der junge Mensch müsse beizeiten zu dieser »Freiheit des Neinsagens« erzogen werden. Zugegeben, die Freiheit des Menschen besteht auch darin, sich gegen etwas oder jemanden zu wenden, von etwas Abstand zu nehmen, zu etwas nein zu sagen. Diese Freiheit wird aber zur Unfreiheit, wo sie zur Neinsage-Manie wird. Freiheit ist nicht bloß Freiheit von etwas, sondern vor allem Freiheit zu etwas. Freilich ist es leichter zu sagen, wogegen man ist, was einem nicht paßt, wo etwas faul ist, was man nicht will, als zu sagen, wofür oder für wen man ist. Je konkreter man sich für etwas oder für jemanden ausspricht, desto leichter scheint man der Kritik ausgeliefert zu sein. Wer bloß davon redet, daß man verändern müßte, sagt gar nichts aus.

In diesem Sinne sind auch Begriffe wie »konservativ« oder »progressiv« inhaltsleer. Das Konservative ist nämlich da sinnvoll, wo es etwas Gutes, Richtiges zu bewahren gilt und unsinnig, wo man an etwas Schlechtem festhält. Das Progressive ist sinnvoll, wenn ich zu Besserem, Wertvollerem fortschreite, und unsinnig, wenn ich Gutes und Sinnvolles einfach über Bord werfe. Aus diesem Grund halte ich es auch für wertvoller, von Verbesserungen statt bloß von Veränderungen zu sprechen. Wer verbessern will, muß sich nämlich zunächst Gedanken machen, was er überhaupt für gut hält. So wäre es auch für den Wähler sehr aufschlußreich zu erfahren, wie es der zukünftige Volksvertreter mit diesem und jenem hält, was er gut, richtig und schön findet, vielleicht sogar, ob er sich auch selbst an das hält, was er propagiert. Zu einer solchen Gewissensfrage sind freilich nicht nur die hohen Politiker aufgerufen. Jedem von uns, meine ich, täte es recht gut, hin und wieder mal zu fragen, was er selbst für gut und schön hält, woran er eigentlich (noch) glaubt, was er hofft, was er zu tun bereit ist, zu wem und was er steht.

Der große Philosoph Kant bezeichnet im übrigen als die großen, die eigentlichen Fragen der Menschen: was kann ich wissen, was darf ich hoffen und was soll ich tun?

Vielleicht ist heute so viel von Sinnlosigkeit die Rede, weil wir zu viel vom Neinsagen reden. »Niemand«, meint Malraux, »kann sinnvoll leben, indem er nur verneint.« Sinn kommt aus dem Ja, der Zusage, der Bindung, der Treue, dem Vertrauen. Sinnvoll leben heißt gewiß auch, nein zu sagen, sich vom Unwesentlichen, Falschen frei zu halten, ihm eine Absage zu erteilen. Gleichzeitig aber bedeutet sinnvolles Leben ein ständiges Bejahen unseres Lebens und unserer Mitwelt trotz aller Mängel. Darum: Wenn man schon etwas ablehnen will, dann möge man bitte ablehnen, gegen alles zu sein. Also: Bloß dagegen? Nein danke!

Vorfreude

Auf der Suche nach dem, was man als ein wirkliches Unglück bezeichnen könne, nennt Wolf Schneider in seinem Buch »Glück, was ist das?« (Hamburg) u. a. die Langeweile. Gerade diese Langeweile wird freilich heute immer mehr als ein Allgemeinzustand von vielen, nicht zuletzt jungen Menschen bezeichnet. Das Leben erscheint sinnlos, öde, leer, alles verläuft in geregelten Bahnen, es gibt keine besonderen Höhe- und Tiefpunkte mehr.

Was verstehen wir unter einer Öde? Eine Landschaft, die keine Abwechslung bietet, in der alles gleichförmig ist, in der es für das Auge keine besonderen Fixierpunkte gibt, in der man auf nichts Besonderes stößt. Man vermißt sogar ein Hindernis, eine Grenze, auf die man »stoßen« würde. »Stoßen«, das ist ja meist etwas eher Schmerzliches. Wo aber alles gleich und eben ist, wird die Möglichkeit geradezu vermißt, auf etwas stoßen zu können.

Unser technisiertes Zeitalter hat im Bemühen, Hindernisse aus der Welt zu schaffen, auch dazu beigetragen, manches zu sehr einzuebnen und gleichförmig zu machen. Die langen Zwischenstrecken zwischen einzelnen Fixierpunkten, der Weg vom Wunsch zu seiner Erfüllung wurden und werden immer mehr vermindert, die Wartezeiten verkürzt.

Einebnung findet aber nicht nur dort statt, wo man Höhepunkte abbaut, sondern auch da, wo man einen (vermeintlichen) Höhepunkt an den andern reiht, wo man die Täler zwischen den Bergen aufschüttet. Die Ebene liegt dann eben auf einem höheren Niveau, aber sie ist nicht weniger flach und gleichförmig. Höhepunkte aber sind die Pfeiler der Freude. Sie liefern den Motor des Lebens, der Freude, ihrer Energie.

Einige moderne Psychologen haben es nun freilich geschafft, uns einzureden, absolute und möglichst unmittelbare Bedürfnisbefriedigung sei die Voraussetzung des persönlichen Glücks. Sie übersehen dabei die seit eh und je bekannte Tatsache, daß die Vorfreude, das Warten auf etwas, die Spannung auf eine Sache hin das menschliche Leben erst positiv strukturieren hilft. Wo alles beliebig auf Abruf bereitliegt, wo etwas ständig zur Verfügung steht, macht es meist auch weniger Freude. George Bernard Shaw meint dazu: »Ein immerwährender Feiertag ist eine gute, allgemeinverständliche Definition der Hölle«. Wo Feste beliebig sind, sind sie eigentlich nichts Festes mehr, sie verschwimmen. Früher lief das Jahr mit seinen Zeiten und seinen Festtagen, mit den jahreszeitlich bedingten Gaben der Natur nach einem gewissen Rhythmus ab, der immer mehr verschwindet. Nicht nur, daß jede Sorte Obst, Gemüse und Blumen gegen einen entsprechenden Preis aus Treibhaus oder Übersee jederzeit erhältlich ist, auch die Feste mit ihrer spezifischen Gestalt werden immer mehr zum Alltag. Man feiert, wenn man Lust hat. Das kann durchaus positiv sein, aber durch das Schwinden der Vorfreude kann vielleicht auch die Freude geschmälert werden.

Antoine de Saint-Exupéry läßt in seinem »Kleinen Prinz« den Fuchs sagen: »Es muß feste Bräuche geben.«

»Was heißt, ›fester Brauch‹?« sagte der kleine Prinz.

»Auch etwas in Vergessenheit Geratenes«, sagte der Fuchs. »Es ist das, was einen Tag vom andern unterscheidet, eine Stunde von den andern Stunden. Es gibt zum Beispiel einen Brauch bei meinen Jägern. Sie tanzen am Donnerstag mit den Mädchen des Dorfes. Daher ist der Donnerstag der wunderbare Tag. Ich gehe bis zum Weinberg spazieren. Wenn die Jäger irgendwann einmal zum Tanzen gingen, wären die Tage alle gleich, und ich hätte niemals Ferien«. (S. 51).

Wolf Schneider meint: »Oft währt die Vorfreude länger, und manchmal ist sie sogar größer als das Glück, dem sie gilt; für viele Menschen ist sie das beste, was sie am Leben haben.« (a.a.O., S. 116).

Jean Pauls kleine Geschichte vom »vergnügten Schulmeisterlein Maria Wuz« mag diese Vorfreude illustrieren: »Den ganzen Tag freute er sich auf oder über etwas. ›Vor dem Aufstehen‹,

sagte er, ›freu ich mich auf das Frühstück, den ganzen Vormittag aufs Mittagessen, zur Vesperzeit aufs Vesperbrot und abends aufs Nachtbrot – und so hat der Alumnus Wuz sich stets auf etwas zu spitzen!‹ Trank er tief, so sagt er: ›Das hat meinem Wuz geschmeckt‹. . . . Im fieberfrostigen Novemberwetter letzte er sich auf der Gasse mit der Vorahnung des warmen Ofens . . . War der Tag gar zu toll und windig, so war das Meisterlein so pfiffig, daß er sich unter das Wetter hinsetzte und sich nichts darum schor; es war nicht Ergebung, die das unvermeidliche Übel aufnimmt, nicht Abhärtung, die das ungefühlte (Übel) trägt . . . sondern der Gedanke ans warme Bett war's!«
Haben wir sie nicht auch weitgehend verlernt, diese »Kunstgriffe«, uns Vorfreude zu bereiten, weil wir verlernt haben zu warten, Geduld zu haben, da unsere Konsumgesellschaft alles jederzeit für uns bereithält, oder weil man uns einredet, wir würden durch einen Aufschub oder gar einen Verzicht seelischen Schaden nehmen. Wir werden sie wieder lernen müssen, diese Geduld, aber auch eine gewisse Askese – nicht nur, weil die Zeiten des Überflusses einmal vorbei sein können, sondern auch, weil die Selbstverständlichkeit der augenblicklichen Wunscherfüllung für die Persönlichkeitsentwicklung geradezu gefährlich ist. So meint Rudolf Affemann: »Die Eltern versäumten es im allgemeinen, ihren Kindern beizubringen, daß

Befriedigung von Bedürfnissen eigene Bemühungen voraussetzt . . . Die Gegebenheiten der Überflußgesellschaft, in der Erfüllung vieler Wünsche relativ leicht möglich ist, verführten viele Eltern dazu, ihren Kindern neben Befriedigung von Bedürfnissen nicht genügend Warten oder gar Verzicht auf Erfüllung zuzumuten. Daß dies eine Unfähigkeit zur Folge hatte, mit Enttäuschungen, Versagungen, Unannehmlichkeiten fertig zu werden, liegt auf der Hand.« (Affemann, R., Woran können wir uns halten, Freiburg 1980, S. 39)

Wo alles selbstverständlich ist, welkt die Freude. Es wird eine wichtige erzieherische Aufgabe werden, Selbstverständlichkeiten wieder zu »entlarven«, zu erkennen und zu zeigen, daß wir vieles einfach als gegeben, geschuldet annehmen, für das dankbar sein, auf das uns zu freuen wir eigentlich allen Grund hätten.

St. Pluralismus

Vor einiger Zeit ging es an, daß man seinen Namen überall hörte: Man fühlte sich an Peter Hebels großartige Geschichte vom »Kannitverstan« erinnert. Sie wissen schon: Ein Wandersmann aus Deutschland erhält in Holland auf seine Fragen immer wieder die Antwort »Kann nit verstan« (= ich kann nicht verstehen) und hält den »Kannitverstan« dann für die bedeutendste Persönlichkeit. Fast ebenso ist es jemand gegangen, der eine Begründung für irgendwelche Leitsätze, Lehrpläne usw. suchte. »Wir müssen dem ›Pluralismus‹ gerecht werden« hieß es da, und entsprechend der pluralistischen Struktur unserer Gesellschaft dürfen wir nicht, müssen wir . . . Weltanschauliche Begründungen für Unterricht, Erziehung, Ethik, Moral usw. waren nicht mehr gefragt. Sie wurden von dem oft recht kritiklos angenommenen Gültigkeitsanspruch der Gesellschaftswissenschaften als »unwissenschaftlich« abgetan. Zeitweise hatte man sogar innerhalb von Glaubensgemeinschaften den Eindruck, die einzige Autorität, die nicht in Frage gestellt würde, sei der »St. Pluralismus«.

Wir müssen uns darüber im klaren sein, daß eine Demokratie Rücksicht und Toleranz zwischen den verschiedenen Weltanschauungsgruppen erfordert, sollten aber nicht glauben,

allen am besten gerecht zu werden, indem wir versuchen, beispielsweise die Medien von Weltanschaulichem möglichst freizuhalten. Da gibt es zwar, das sei ohne weiteres eingeräumt, eigene Sendungen für die einzelnen Weltanschauungsgruppen, auch im Sinne einer christlichen-abendländischen Denktradition. Sendungen aus dem Alltag und Unterhaltungsprogramme versuchen sich aber meist streng an die sogenannte Weltanschauungsneutralität zu halten. Ich spreche bewußt von »versuchen«, denn gerade im Unterhaltungsbereich läßt sich bemerken, wie häufig hier irgendwelche weltanschaulichen Aussagen gemacht werden. Man betrachte nur die Schlagerszenerie, deren Texte oft eindeutige Aussagen über die Einstellung zur Welt, zu Mitmensch und Leben wiedergeben. Auch in Krimis, Lustspielen und so weiter werden alle möglichen Grundeinstellungen des Menschen sichtbar.
Ist Ihnen aber schon aufgefallen, daß man Religiöses hier immer mehr auszuklammern versucht? Allenfalls werden da und dort noch Zerrbilder vorgestellt. Kann man aber religiöse Aussagen nur in ein Kästchen einsperren? Spielt denn die Religion in unserem Leben wirklich gar keine Rolle mehr, weil man kaum mehr in einem Film eine Äußerung christlicher Gläubigkeit findet, zum Beispiel ein Gebet am Morgen oder bei Tisch, ein sonntäglicher Meßgang, ein Wort über Gott? Gehört das Ver-

hältnis zu Gott nicht immer noch zum täglichen Leben vieler Menschen? Warum klammert man seinen Namen so stark aus? Ist Gott so »out«, oder scheut man sich nur vor seinem Namen, um mit dem »Pluralismus« nicht in Konflikt zu kommen? Lassen sich Haltungen, wie Glaube an, Hoffnung auf, Vertrauen in, Dankbarkeit gegenüber Gott auf ein paar religiöse Sendungen beschränken?

Vor einiger Zeit erbrachte eine Untersuchung das erstaunliche Ergebnis, daß das Wort »Gott« in Kindersendungen der letzten Jahre überhaupt nicht mehr genannt wurde. Auf dem Schlagersektor dagegen hört man Gott sei Dank den Namen Gott immer wieder. Leider Gottes aber ist es bloß der des Schlagersängers Karel Gott.

Mach mal Pause

»Mach mal Pause« – so lautete früher einmal ein Werbespruch. Es gehört zum Urrhythmus des Lebens, daß auf eine Zeit der Aktivität dieses Ausspannen und Ausruhen folgen darf und muß. Der biblische Schöpfungsbericht billigt sogar dem Schöpfer eine »schöpferische« Pause zu, denn Gottvater ruhte bekanntlich am siebten Tag.

Dieses »Ruhen« kann aber recht unterschiedlich aussehen. Erinnern wir uns nur an die Pausen, die wir in unserer Schulzeit erlebt haben. Sicher, da und dort fanden sie als wohlgeordneter Rundgang im Pausenhof statt. Oft wurden aber gerade da ganz besondere Aktivitäten frei. Ein wichtiger Teil des Freizeitangebotes sind ja heute die Aktivurlaube, die Erholung gerade dadurch versprechen, daß sie mit allen möglichen Betätigungen ausgefüllt sind. Eine besonders radikale Form sind dann die Abenteuerurlaube, die selbst sportliche Naturen oft bis an die Grenze ihres Leistungsvermögens beanspruchen. Die Entspannung ist dann zur Anspannung geworden.

Erholung muß also nicht unbedingt Passivität bedeuten. Sie kann auch darin bestehen, daß man einmal etwas anderes tut, andere Kräfte aktiviert. Daß man sich von geistiger Arbeit oft glänzend durch körperliche Betätigung erholen kann, ist bekannt. Abschalten kann man aber auch, indem man sich als geistig Arbeitender anderen Wissensgebieten zuwendet, als körperlich Arbeitender andere manuelle Tätigkeiten verrichtet. Entspannung besteht also nicht zuletzt auch in der Abwechslung vom Alltag, im Auslüften des Verstandes, in der Möglichkeit, aus bestimmten Zwängen auszubrechen, und sei es nur aus dem Druck der Uhr und des Terminkalenders.

Zweifelsohne darf aber im Zusammenhang mit Erholung das Wort Faulheit nicht fehlen. Der erste Bundespräsident Theodor Heuß wollte sogar das Recht auf Faulheit im Grundgesetz verankert wissen. Ihr Lob hat in einer Reihe schöner Aussprüche seinen Niederschlag gefunden wie: »Lieber in der Früh nichts tun, als am Nachmittag arbeiten«. (Volksmund) »Faulheit ist die Kunst, so lange nichts zu tun, bis die Gefahr vorüber ist, daß man etwas tun müßte«. (Gunter Philipp) »Faulheit ist die Angewohnheit, sich auszuruhen, bevor man müde wird« (Renard). »Selig sind die Stunden des Müßiggangs, denn in ihnen arbeitet unsere Seele« (Egon Friedell).

Laub bezeichnet die Regenerationsphase der Faulheit sogar als den »heimlichen Vater des Fortschritts«. Und Henry de Montherlant meint: »Wenn die Faulheit in der Weigerung besteht, nicht nur das nicht zu tun, was einen verdrießt, sondern auch jene Unzahl anderer Dinge . . ., die, ohne geradezu verdrießlich zu sein, völlig unnütz sind, dann muß Faulheit als eines der sichersten Anzeichen von Intelligenz betrachtet werden.«

Selbstverständlich sind alle diese Aussagen leicht satirisch gemeint. Tatsache aber ist, daß das menschliche Leben nicht in einer ständigen einseitigen Aktivität verlaufen kann. Erholung bedeutet zwar nicht unbedingt ein »Sichgehenlassen«, wohl aber ein Austrudeln, ein Ausschwingen, in dem man sich nicht ständig nur als Nabel der Welt sieht, sondern auch einmal etwas »sein-läßt«, sich erfüllen läßt, nicht meint, immer aktiv eingreifen zu müssen. So wichtig es ist, das Leben zu durchdenken – zum erfüllten Leben gehört auch dieses Abschaltenkönnen. Man soll nicht glauben, daß man jederzeit alles kritisch durchdringen und hinterfragen muß. Und findet sich Glück nicht oft gerade in Momenten und Situationen, die nicht geplant waren? Es mag zwar etwas Wahres an dem alten Spruch sein, daß jeder seines Glückes Schmied ist, es ist aber auch möglich, daß man vor lauter Schmieden das Glück versäumt.

Auch wenn der Satz Oswald Spenglers sehr provokativ klingt: »Tiefes Glück ist Gegenwart ohne Denken«, ist es schon bedenkenswert, daß man hin und wieder daran denken sollte, auch dem Denken eine Pause zu gönnen. »Denken«, sagt Victor Hugo, »ist die Arbeit des Intellekts, Träumen sein Vergnügen«. Und ein wenig Vergnügen gehört eben auch zum Leben.

Ausrufezeichen

Zeichen der Zeit lassen sich bisweilen recht deutlich an den Veränderungen von Sprachgewohnheiten ablesen. Ist Ihnen schon aufgefallen, daß in den letzten Jahren bei allen möglichen Reden der Konjunktiv sehr stark strapaziert wird: »Ich würde sagen«, »man könnte dazu folgendes sagen«, »es wäre möglich, folgendermaßen zu argumentieren«. Je weniger man zu sagen hat, desto umständlicher drückt man sich aus.

Warum spricht man immer seltener seine Meinung einfach aus! Gut, man argumentiert, daß es höflicher sei, vielleicht sogar auch kritischer, sich selbst in Frage zu stellen, den andern nicht einfach zu überfahren. Die Untersuchungen über die Führungsstile geistern auch noch durch die Gegend. Ein Lehrer soll zu seinem Schüler »reversibel« sprechen, das heißt, er soll ihn so ansprechen, wie er es auch vom Schüler ihm gegenüber erwartet. Alles recht und schön. Vielleicht tut uns das aufs Sprachverhalten angewandte Sprichwort, »Was du nicht willst, das man dir tut . . .« wirklich ganz gut, und wir überlegen uns, ob wir nicht das eine oder andere »Bitte« oder »Danke«, »Sei doch so gut« und so weiter, in unsere Rede einbauen können. Das kann aber auch zur Manie werden. Und es ist beileibe nicht gesagt, ob man den andern nicht

auch mit einem kühlen: »Danke, das genügt« oder »Bitte, können Sie nicht . . .« genauso fertigmachen kann wie mit einem kurzen Befehl. Umgekehrt kann eine kurze Anordnung, ein klarer Satz in der Erziehung äußerst wichtig sein. Und es kommt halt immer wieder darauf an, wie man ihn sagt und wer ihn sagt. Der Erzieher, der bei seinen Schülern Vertrauen, Kredit hat, kann durchaus auf die eine oder andere höfliche Umschreibung verzichten und darf ruhig einmal am Satzende ein Ausrufezeichen setzen. Aus Angst, autoritär zu erscheinen, hat man diese Ausrufezeichen weitgehend beseitigt. Dabei hat man übersehen, daß eine antiautoritäre Welle oft recht autoritär die notwendige Autorität außer Kraft gesetzt hat. Gabriel Laub meint: »Die Autorität der antiautoritären Erziehung wurde auch durch ihren autoritären Charakter zerstört.«
Begriffe wie Ordnung und damit Anordnung wurden auf einen Negativkatalog gesetzt, ohne zu bedenken, daß es zwar unsinnige Ordnungen und Verordnungen gibt, daß aber die Welt ohne Ordnung ein Chaos wäre, Zusammenleben ohne bestimmte Ordnung und Anordnung nicht möglich ist und bei aller Wertschätzung der Einzelperson und des Individuums eine Einordnung, ja sogar eine gelegentliche Unterordnung da und dort für die Gemeinschaft, aber auch für die Selbstverwirklichung des einzelnen notwendig sein kann.

Bei Ordnungen geht es immer auch darum, daß etwas klar und deutlich wird. Ordnungen und Anordnungen sollen präzise sein, aber sie sollen womöglich auch klargemacht werden auf ihre Begründung und auf ihre Zusammenhänge. Dies ist sicher eine wesentliche Aufgabe einer demokratischen Erziehung. Diese ist aber nur möglich, wo der einzelne sich auch seiner Verantwortung bewußt ist, nicht nur mitzureden, sondern selbst etwas auszusagen. Wer etwas zu sagen hat, der darf, so meine ich, auch einmal ein Ausrufezeichen verwenden.
Vor ein paar Wochen hörte ich einen Sprecher im Wort zum Sonntag so umschrieben und vorsichtig einen Satz des Evangeliums verkünden, daß mir fast schon ein polternder Santa Clara lieber gewesen wäre. »Wer noch die Möglichkeit hat zu beten«, so sagte er unter anderem, »der solle doch versuchen zu beten«.
Ich erwarte mir von einem Prediger, daß er mir auch da und dort schon sagt, was seiner Auffassung nach notwendig ist. Je mehr man umschreibt, desto unverbindlicher wird etwas. Was wir aber brauchen, ist das Verbindende. Verbindung ist jedoch nur da möglich, wo etwas Festes, Bindendes angeboten wird, wo man Zeichen gibt, Zeichen setzt und Zeuge für dieses Zeichen ist.

Vom Fragen

Das Fragen ist die Frömmigkeit des Denkens
(Heidegger)

Wer kennt ihn nicht, den alten Witz: Der kleine Franzl darf das erste Mal mit seinen Eltern München besuchen. Und kaum ist er in der Stadt, beginnt er seinen Vater zu fragen: »Du Papa, was ist denn das für ein Platz?«
»Der Platz da, das weiß ich leider nicht!«
»Du und, Papa, die Säule da auf dem Platz?«
»Das ist die Dings, die . . . ah, ich weiß es leider nicht so genau.«
»Und der Brunnen da?« »Das weiß ich jetzt momentan auch nicht.«
»Und schau, da tanzen oben irgendwelche Figuren, schau hin, wer sind denn die?«
»Ah ja, das ist das, ah das . . . Weißt du, das wird zur Erinnerung an das, wie heißt's denn gleich wieder, aufgeführt. Im Jahre, ah, ich hab's schon mal gewußt, ist es gewesen, damals halt.«
»Du und Papa, die Kirche da, wie heißt denn die?«
»Das ist die Sankt – äh – Sankt Sowieso-Kirche, ich hab's schon mal gewußt!«
Da wird es der Mutter zu dumm, und sie sagt: »Geh, Franzl, laß halt dem Papa einmal seine Ruh und frag nicht dauernd!«

»Macht doch nichts, Mama«, meint dieser besänftigend, »laß ihn nur fragen den Buben, damit er was lernt.«

Auch wenn die Antworten in dieser Geschichte nicht gerade eine großartige Wissensbereicherung für den kleinen Franzl gebracht haben mögen, so ist doch wenigstens Papas Reaktion eine liebenswerte. Denn dieses »Laß ihn nur fragen« ist eigentlich gar nicht so selbstverständlich in der Erziehung. Oft ist es auch wirklich viel, was kleine Kinder so wissen wollen. Wie das und jenes heißt, und wieso das so heißt, warum dieses so ist und nicht anders, wozu dies gut ist und jenes, weshalb man das tun müsse und das andere nicht tun dürfe und so weiter. Wenn man gar abgespannt ist, kann es schon sein, daß einem die Fragen irgendwann einmal ein bißchen lästig werden. Und doch wäre es das Verkehrteste in der Erziehung, wollte man die Fragen des Kindes abblocken. Ich halte es für eines der großartigsten Erlebnisse, wenn Kinder beginnen, sich diese Welt fragend zu erobern, wenn das Fragen aus ihnen geradezu herausbricht.

Bei der Suche nach dem Wesen des Menschen stoßen wir immer wieder auf die Antwort, daß der Mensch das Geschöpf ist, das fragen kann und muß. Tiere fragen nicht. Dem Menschen ist von Natur aus alles fraglich, auch sein Sinn ist ihm nicht einfach vorgegeben, sondern als Frage aufgegeben. Haben Sie schon einmal ganz bewußt die oft tiefgründigen Fragen eines Kindes verfolgt? Da werden neben den Fragen nach den Namen der Dinge dieser Welt auch Fragen gestellt, welche die tiefsten Grundprobleme des Menschen berühren. Grund und Gründe werden ebenso erfragt wie Begründungszusammenhänge. Der Philosoph Karl Jaspers hat geradezu von einer ursprünglichen philosophischen Fähigkeit des Kindes gesprochen:

»Ein wunderbares Zeichen dafür, daß der Mensch als solcher ursprünglich philosophiert, sind die Fragen der Kinder: Gar nicht selten hört man aus Kindermund, was dem Sinne nach unmittelbar in die Tiefe des Philosophierens geht. Ich erzähle ein Beispiel: Ein Kind läßt sich bei einem Spaziergang angesichts einer Waldwiese Märchen erzählen von den Elfen, die dort nächtlich ihre Reigen aufführen . . . ›Aber die gibt es doch gar nicht‹ . . .

Man erzählt ihm nun von Realitäten, beobachtet die Bewegung der Sonne, erklärt die Frage, ob sich die Sonne bewege oder die Erde sich drehe, und bringt die Gründe, die für die Kugelgestalt der Erde und ihre Bewegung um sich selbst sprechen. ›Ach, das ist ja gar nicht wahr‹, sagt das Mädchen und stampft mit dem Fuß auf den Boden, ›die Erde steht doch fest. Ich glaube doch nur, was ich sehe‹. Darauf: ›Dann glaubst du nicht an den lieben Gott, den kannst du doch auch nicht sehen.‹

Das Mädchen stutzt und sagt dann sehr entschieden: ›Wenn er nicht wäre, dann wären wir doch gar nicht da.‹

Dieses Kind wurde ergriffen von dem Erstaunen des Daseins: es ist nicht durch sich selbst. Und es begriff den Unterschied des Fragens: ob es um einen Gegenstand in der Welt geht oder um das Sein und unser Dasein im ganzen.

Ein anderes Mädchen geht zum Besuch eine Treppe hinauf. Es wird ihm gegenwärtig, wie doch alles immer anders wird, dahinfließt, vorbei ist, als ob es nicht gewesen wäre. Aber es muß doch etwas Festes geben können . . ., daß ich jetzt hier die Treppe zur Tante hinaufgehe, das will ich behalten. Das Staunen und Erschrecken über die universale Vergänglichkeit im Hinschwinden sucht sich einen hilflosen Ausweg.«

Kinder besitzen fragend und folgend oft geradezu eine Genialität, die teilweise sogar im Erwachsenenalter verlorengeht. »Das Kind ist noch offen im Zustand des sich hervorbringenden Lebens, es fühlt und sieht und fragt, was ihm dann bald entschwindet.« (Karl Jaspers)

In der »Times« stand vor einiger Zeit jenes schöne Bild: »Ein Kind ist eine Insel der Neugier, umflutet von Fragezeichen.«

An den Fragen des Kindes muß sich unser Erzieherdasein immer neu bewähren, denn so fragend sich das Kind auch seiner Welt zuwendet, so vertrauensvoll nimmt es auch unsere Ant-

wort entgegen. Und wenn man dann ein Kind fragt, woher es dies oder jenes weiß, dann kommt meist als selbstverständlich angenommene Begründung: »Das hat mir meine Mami oder mein Papi gesagt.«
Mamas und Papas, aber auch Lehrer können und brauchen nicht alles zu wissen (ein bißchen mehr vielleicht schon als der Papa in unserer Geschichte), aber sie sollten sich vielleicht um Wissen bemühen, selber wieder Fragende und Entdeckende werden. Sie sollten bei ihren Antworten ehrlich sein und auch zugeben, daß es Grenzen gibt, an denen man mit seinem Wissen am Ende ist, Probleme, die zu lösen man von der Frage her den Sprung in den Glauben wagen muß.

Ist das nicht zauberhaft?

Auf wen hätten die Märchen, in denen Feen, Hexen, Wichtel, Gnome und Zauberer ihre Zauberkraft im Guten wie im Bösen anwenden, nicht einen besonderen Reiz ausgeübt? Sie zauberten mittels Stäben oder auch nur mit Worten. Aber auch Pflanzen, Wasser, Steine oder Wurzeln besitzen die Kraft des Verwandelns. Vielleicht ist es sogar das Besondere des Märchens, daß hier die Welt eine verzauberbare ist und, daß am Ende, ob Zauber im Spiel ist oder nicht, das Gute in der Regel die Oberhand behält.
Vor ein paar Jahren hatte man sich noch auf diese Märchen eingeschossen. Die Pädagogen warnten vor den Gefahren einer Traumwelt, vor Grausamkeiten und irgendwelchen verkrusteten hierarchischen Strukturen, die in den Märchen weitergegeben würden. Inzwischen haben die Märchen aber wieder an Boden gewonnen, weil man erkannte, daß sie für die kindliche Denkweise doch sehr wichtig sein können. Ein Kind bedarf für seine Weltorientierung bestimmter Denkmuster. Ein festes Schema mit Böse hier und Gut da gibt eine notwendige Orientierungshilfe für das Zurechtfinden in dieser Welt, selbst wenn ein wenig Schwarzweißmalerei dabei ist.
Etwas ist ganz entscheidend: In den Märchen

behält am Ende fast immer das Gute die Oberhand. Auch wenn Realitätsfanatiker davor warnen, dem Kind eine Welt vorzuführen, in der es immer zu einem »Happyend« kommt, in der das Heile und Gute am Ende siegt – ich halte es geradezu für einen Kernpunkt jeder Erziehung, dem Kind den Blick für die Kraft des Guten zu öffnen und ein gewisses Vertrauen in diese Welt zugrundezulegen. Ein Kind ohne Vertrauen in diese Welt zu schicken, beziehungsweise es im Sinne einer übertriebenen emanzipatorischen Erziehung zu früh aus einer Sinngeborgenheit herauszureißen, ist eine pädagogische Todsünde. Haben wir diese unsere Welt, nur um ja nicht in den Verdacht eines Heile-Welt-Denkens zu kommen, nicht schon von vornherein aller Heilsmöglichkeiten beraubt? Und ist diese sogenannte reale Welt tatsächlich die Wirklichkeit?

Im Begriff »Wirklichkeit« steckt das Verbum »wirken«. Eine Welt ist nicht nur, sie wirkt und wird bewirkt. Um aber etwas zu bewirken, bedarf es der Wirkkraft, der Energie. Wir brauchen etwas, das uns Kraft gibt, etwas, aus dem wir schöpfen können.

Und wir müssen uns dessen bewußt sein, daß es oft auch an uns selbst liegt, aus dieser Welt etwas zu machen, sie zu verbessern, ja zu verzaubern. Oft sind es schon ganz kleine »Zauberformeln«, die in das Grau des Alltags etwas Farbe bringen können: Ein freundlicher Blick,

ein Lächeln, ein gutes Wort, eine kleine Aufmerksamkeit, ein wenig Hilfsbereitschaft. Wir müssen, so meine ich, nur aufpassen, daß wir über dem Blick auf die ganz große Weltveränderung nicht die vielen kleinen Verbesserungsmöglichkeiten in unserer Umwelt übersehen.
Auch in den Märchen sind es oft die kleinen Gesten, die einen Zauber auslösen: Das freundliche Wort, die kleine Hilfsbereitschaft einem Tier oder einem Menschen gegenüber.
Unsere Welt wird zwar nie zu einer reinen Märchenwelt werden, aber sie bietet so viele Gelegenheiten, Graues in Buntes zu verwandeln, mehr Freude zu erleben, wenn man nur etwas auf diese Zauberkraft vertraut. Und das ist doch wirklich zauberhaft – oder?

Die inflationierte Freude

Unser Bub bekam vor ein paar Wochen eine kleine Pumuckl-Puppe geschenkt. Gar nichts Besonderes, aber der Pumuckl bewegt halt gerade die Gemüter der Kleinen, und unser Bub hat sich riesig darüber gefreut. Es wurde sein Lieblingsspielzeug. Nun haben wir eine ganze Reihe lieber Bekannter und Verwandter, die bei einem Besuch halt auch für den Kleinen etwas mitbringen. Und weil der Bub eine solche Freude über den Pumuckl gezeigt hatte, kam die nächste Pumuckl-Variante hinzu: Ein Pumuckl auf dem Fahrrad. Dann der Pumuckl auf der Schaukel, als Fußballer usw. Innerhalb von ein paar Wochen stand da eine ganze Pumuckl-Galerie im Kinderzimmer. Interessant ist nun: je mehr Pumuckl es wurden, desto mehr gingen das Interesse und die Freude verloren.

Nun, man könnte sagen, daß Kinder immer wieder etwas Neues wollen, daß die Freude mit der Gewöhnung etwas nachläßt. Ich glaube aber auch, daß es so eine Art Freudeninflation gibt. Jeder von uns könnte sicher eine Reihe von Erlebnissen benennen, in denen er das erfahren hat. Der Münchner Schriftsteller Sigi Sommer versteht es meisterlich, die kleinen Freuden des Alltags zu schildern, die dann in der Rückerinnerung die ganz großen Freuden wurden. Denn wer kann schon Freude messen oder abwiegen.

Da werden Freuden der frühen und armen Kindheit geschildert, die »Schmankerl«, die die Natur jedes Jahr in Wiese und Garten dem Buben oder Mädel bereitstellte, die kleinen Geschenke oder die überraschenden Funde, die man fast überall machen konnte. Überhaupt besteht vielleicht eine gewisse Beziehung zwischen dem ersten Mal und der Freude. Denn das »erste Mal« stellt sicher einen besonderen »Freudewert« dar. Ich erinnere mich noch gut an meine eigene Kindheit, als ich nach dem Krieg zum ersten Mal wieder eine Banane essen durfte oder das erste Steckerleis. Ich wüßte heute keine Delikatesse, die mir eine solche Freude machen könnte. Und es besteht sicher auch ein Bezug zwischen Freude und Selbstverständlichkeit, aber ein negativer. Wo etwas zu selbstverständlich wird, verringert sich die Freude zunehmend. Über diese Selbstverständlichkeit kann aber der einzelne mit entscheiden. Ich kann etwas einfach als selbstverständlich hinnehmen, kann mir aber auch bewußt machen, daß Selbstverständliches gar nicht so selbstverständlich sein muß. Und, Sie werden lachen, ich kann mich, auch wenn im Obstmarkt die Bananen kiloweise angeboten werden, noch über jeden Bissen freuen, wenn ich an jene erste Banane nach dem Krieg denke.
Es kann der Freude da und dort abträglich sein, wenn man zuviel über sie nachdenkt. Es kann aber auch helfen, sie wiederzufinden, wenn wir

sie beispielsweise unter dem Gesichtspunkt des Nicht-Selbstverständlichen sehen. Ich glaube schon, daß man Freude ein wenig lernen kann, daß sie nicht nur eine Gabe, sondern auch eine Aufgabe ist. Vielleicht tun wir uns heute mit der Freude wirklich oft so schwer, weil wir zu viel haben und das alles selbstverständlich nehmen. Allzuviel ist eben auch da ungesund.
In der Geschichte hat es immer wieder Bewegungen gegeben, die zu einer Rückkehr zum einfachen Leben aufforderten – nicht zuletzt aus der Erkenntnis heraus, daß es dann viel mehr Möglichkeiten für elementare Freuden gäbe. Ich weiß nicht so recht, ob nicht jeder für sich eine solche Lebensweise ohne weiteres praktizieren kann.
Ein wenig Nachdenken gehört freilich dazu. Beispielsweise, daß wir bei der Erziehung das Wort »Bescheidenheit« nicht ganz außer acht lassen, gleich ob es sich um den Überfluß an Spielzeug oder um die sogenannte Konsum- und Fernsehaskese handelt. Man leistet garantiert mehr Lebenshilfe, indem man eine Freude durch ihre Seltenheit kostbarer und damit auch erlebbarer und erfahrbarer werden läßt. Lebenskünstler verstehen es, die Kostbarkeit des Augenblicks zu genießen. Ich glaube, daß die größte Kostbarkeit die Zeit ist, die uns zum Leben geschenkt ist. Und jeder Tag, ja, jede Sekunde ist gerade dadurch so wertvoll, daß sie flüchtig und unwiederbringbar ist.

Je-Nachdemiker

Selbstverständlich ist es »ihm«, dem Herrn Professor, immer um das Wohl des Kindes gegangen, als er den neuesten Modeschrei aus den USA unseren Eltern zugänglich machte. Welcher verantwortungsvolle Vater, welche liebende Mutter wollte nicht, daß ihre Kinder es zu etwas brächten, daß sie im späteren Leben Erfolg haben sollten. Ja, und da gehört halt nun mal dazu, daß man die Kindheit voll nützt und sich möglichst früh mit den Kulturtechniken des Lesens, Schreibens und Rechnens vertraut macht. Kostbare Zeit würde vertan, wenn man Kinder nur einfach so dahinspielen und womöglich dahinträumen ließe. Spielen mag ja unter Umständen ganz nett sein, aber dann sollten die Kinder beim Spielen auch ganz bewußt etwas lernen. So nebenbei tat sich der Mann auch mit den entsprechenden Verlagen und Spielzeugherstellern zusammen, steuerte gegen entsprechendes Entgelt die wissenschaftliche Beratung bei, lieferte Lernprogramme und Lernspiele en gros.

Selbstverständlich nur um das Kind ging es damals auch all jenen Wissenschaftlern, die wie er den Kindern alle jene Köstlichkeiten zur lernorientierten Nutzung ihrer Kindheit bescherten, damit sie beizeiten ihre Intelligenz, ihre Kombinationsgabe und ihr logisches

Denken schulen könnten: Die Lese-, Zahlenspiele, die bunten Quartette mit dem Lerneffekt des rechten Ein- und Zuordnens und Abstrahierens. Birgitt Berg hat sie so schön aufgezählt: Bunte Kärtchen für die »Persönlichkeitsstruktur«, Bücher mit sprechenden Mäusen zur »Realitätsbewältigung«, Puzzles zur »Ausprägung und Tiefe von Gefühlen« und ein paar Alltagsdinge in großartiger Verpackung zum »Wecken des technischen Verständnisses für die Welt von morgen«. Selbstverständlich stellte der Pädagoge dem Fernsehen für Kinderprogramme seinen wissenschaftlichen Rat zur Verfügung. Und es entstanden regelrechte Kurse, die man als verantwortungsvolle Eltern seinen Kindern zwecks rechtzeitiger Sozialisation in unsere moderne Welt mit ihren Forderungen nicht vorenthalten durfte.

Dank der damaligen Anregungen ist ganz nett aufgeräumt worden mit der herkömmlichen »zwecklosen Spielerei«, dem »Fangermandl«, »Verstecksterl«, »Schneider leih mir die Schere«, dem »ziellosen« Herumschaufeln im Sand, dem Baustöckl-Spielen und all dem, wo nichts »Gescheites« dabei herauskommt. Ja, es ist wirklich ernst gemacht worden, die freie Zeit des Kindseins etwas mehr zu verplanen und gezielt zu strukturieren.

Wer beschreibt mein Erstaunen, als ich nun vor kurzem erfahre, welchem neuen Betätigungsfeld inzwischen der Wissenschaftler seinen

Sachverstand zur Verfügung stellt. Durchaus einleuchtend hat er dargelegt, daß man Erwachsenen und vor allem älteren Leuten zu einer sinnvollen Freizeitgestaltung verhelfen müsse. Unsere Leistungsgesellschaft würde durch ihre einseitige Zweckausgerichtetheit den natürlichen Spieltrieb des Menschen unterdrücken. Damit ginge aber ein wertvoller Quell der Lebensfreude verloren. Gott sei Dank hat nun der »Menschenfreund« in Zusammenarbeit mit Verlagen und Spielzeugfabrikanten einiges ausgearbeitet, damit der Erwachsene wieder lernen kann, zweckfrei zu spielen, um sich zu entspannen. Sollte es jemand in den Sinn kommen, den Wissenschaftler etwa als einen geschäftstüchtigen Je-Nachdemiker zu bezeichnen, einen Opportunisten, der, wie Peter Wehle so schön sagt, auf alle Fälle den Bleistift an beiden Enden spitzt, so muß man das wohl als bösartige Unterstellung bezeichnen. Denn der Betreffende hatte schon damals menschenfreundlich gedacht. Bestimmt ging es ihm nämlich nur darum, den Kindern ihre Kindheit nur deshalb zu reduzieren und sie schnell erwachsen zu machen, damit sie dann möglichst bald zu jener Reife gelangen, dank derer sie nun in Ruhe spielen dürfen.

Erfahrung

Kennen Sie ein gutes Erkennungszeichen dafür, daß man selbst nicht mehr der jüngste ist? Das müssen nicht die Zahl der Jahre, die ersten grauen Haare oder irgendwelche Wehwehchen sein. Ich glaube, man beginnt da eine bestimmte Altersschwelle zu überschreiten, wo man einem Jüngeren gegenüber das Wort »Erfahrung« verwendet. Ganz ehrlich, wenn ich mich zurückerinnere, so hatte dieses Wort für mich immer einen leicht merkwürdigen Beigeschmack. Oft war es nämlich eine recht unangenehme Form der Ausrede von Älteren, die keine nähere Begründung für ihr Tun angaben, sondern sich einfach auf ihre Erfahrung beriefen. »Du kannst mir schon glauben, ich spreche aus Erfahrung.«

Oder: »Aufgrund meiner Erfahrung, sage ich dir . . .« Mit dem Wort Erfahrung hat man uns manchmal aber auch unsere eigenen Erfahrungen ausreden wollen, indem man frühere Erfahrungen absolut gesetzt, unsere Erfahrung aber heruntergespielt hat.

Das Wort Erfahrung wird schon oft recht leichtfertig verwendet, vor allem da, wo man glaubt, daß allein die Jahre, die man auf dem Buckel hat, schon ein großes Verdienst sind. Trotzdem glaube ich, daß Erfahrungen ihren großen Wert gerade für die Erziehung haben, wenn man ihnen ihren rechten Stellenwert gibt. In »Erfahrung« steckt bekanntlich das Wort »fahren«: Man macht sich wie weiland die Handwerksburschen auf den Weg, durchwandert, er-fährt die Welt und begegnet den verschiedensten Widerfahrnissen. Daß aber aus diesen Widerfahrnissen echte Erfahrungen werden, dazu bedarf es einer gewissen Lernbereitschaft. So meint A. L. Huxley zu Recht: »Erfahrung ist nicht das, was mit einem Menschen geschieht, sondern das, was er daraus macht.«

Erfahrung ist also nicht eine unreflektierte Sammlung von Dummheiten, die man begangen hat, sondern die Summe der Schlüsse, die man aus seinen Dummheiten gezogen hat. »Die Erfahrung«, sagt Josh Billings, »ist die Schule, in welcher der Mensch lernt, was für ein großer Narr er gewesen ist.«

Erfahrungen sind außerdem etwas recht Individuelles. Man kann sie nicht einfach übertragen oder sie dem andern überstülpen. Carlo Levi nennt Erfahrungen »Maßarbeiten, die nur zu dem passen, der sie macht«. Ich glaube auch nicht, daß man Erfahrungen vorwegnehmen kann. Die Erfahrung der Liebe, des Glücks, aber auch des Schmerzes, der Trauer, des Scheiterns sind nicht vorweg- oder abnehmbar. Jeder muß sie im letzten selber machen. Unsere Selbstverwirklichung vollzieht sich nicht zuletzt im »Fertigwerden« mit diesen Erfahrungen. Wir machen nicht einfach Erfahrungen, die Erfahrungen »machen« auch uns. Vielleicht ist es ein besonderes Kennzeichen unserer Zeit, daß man glaubt, sich primäre Erfahrungen ersparen zu können, wenn man sie in den Medien als sekundäre frei Haus geliefert bekommt und sie vom Fernsehsessel bequem am Bildschirm vor sich ablaufen lassen kann. Aber wir wissen, daß dann so etwas auch an einem vorbeiläuft ohne besondere Anteilnahme.

Ein Sprichwort sagt »Erfahrung ist eine strenge Lehrmeisterin. Sie stellt zunächst die Prüfungsaufgabe und beginnt hernach mit dem Unterricht.« Und bei diesem Unterricht können wir Älteren wertvolle Helfer sein, wenn wir »aus Erfahrung« wissen, daß Kinder und Jugendliche mindestens genauso echte und tiefe Erfahrungen machen wie Erwachsene, wenn wir dem anderen das Gefühl geben, daß er nicht allein dasteht, daß es jemand gibt, mit dem man reden kann. Warum sollten wir übrigens nicht noch selbst aus den Erfahrungen der Jugend lernen können? Der Wert des Erfahrungsaustausches besteht weniger darin, daß man dem anderen seine eigenen Erfahrungen anbietet, sondern darin, daß jeder einsieht, wie man aus Erfahrungen lernen kann.

Ambros Bierce, der amerikanische Satiriker meint: »Erfahrung ist das, was uns enthüllt, daß wir die Irrtümer der Jugend gegen die des Alters aufgegeben haben.« Dieses Eingeständnis, daß man bis ins hohe Alter irrt, aber auch aus seinem Irren lernt, ist auch eine gewisse Art des Humors, der bekanntlich darin besteht, sich nicht gar zu wichtig zu nehmen. Wir alle wissen, daß der beste Lehrmeister immer noch das Leben selbst ist. Erziehen aber heißt nichts anderes, als dem jungen Menschen Lebenshilfe zu leisten und ihm die Erfahrung am konkreten Vorbild zu vermitteln, daß das Leben bei all den schmerzlichen Erfahrungen, die es mit sich bringen mag, etwas ist, das sich zu leben lohnt.

Bescheidenheit

Jahrelang war sie weitgehend in Vergessenheit geraten, die gute alte Tugend der Bescheidenheit. Man machte denen, die es noch wagten, an sie zu erinnern, geradezu den Vorwurf, »man« wollte den anderen in seinen Möglichkeiten und Freiheiten einschränken. Bescheidenheit, das wäre etwas Autoritäres, Repressives, das einer emanzipatorischen Erziehung total widerspräche.

Wer ein wenig über den Menschen nachdenkt, weiß aber, daß sich die Begriffe Freiheit und Bescheidenheit keineswegs widersprechen. Wenn der Mensch das Wesen ist, das zur Freiheit und zur Entscheidung fähig, ja auf diese angelegt ist, dann steht er geradezu unter dem Zwang, sich entscheiden zu müssen. Jede Entscheidung ist aber immer auch eine Bescheidung. Dies ist sehr eindrucksvoll in der alten Sage von Herakles am Scheideweg geschildert, wo die beiden Göttinnen zwei Lebenswege zur Entscheidung anheimstellen, und er nur einen davon wählen kann. Ist nicht unser ganzes Leben immer wieder ein Sich-Entscheiden für und damit gegen etwas, ein Sich-Bescheiden? Gerade dieses Sich-Bescheiden kann ein Ausdruck meiner Freiheit sein, daß ich mich für eine Sache, für eine Person entscheide und dafür auf etwas anderes verzichte.

Wenn man freilich von der einseitigen Auffassung ausgeht, daß die absolute Bedürfnisbefriedigung die Erfüllung des Menschseins ist – so wollten es uns manche Psychologen lange Zeit glauben machen – dann muß der Verzicht, das Opfer, als etwas der menschlichen Natur geradezu Entgegengesetztes erscheinen. Eng damit verwandt ist auch jenes fast dogmatisch verstandene Gebot, wonach der ständige Wechsel, die fortwährende Veränderung, das Glück des Menschen bedeute.

Die Erfahrung freilich lehrt uns heute, was der gesunde Menschenverstand immer gesagt hat, daß nämlich dieser ständige Wechsel alles andere als Glück bedeuten muß. Ist nicht Glück und Sinnerfüllung gerade da, wo ich zu einer Entscheidung stehe, wo ich zumindest eine längere Zeit bei einer Sache bleibe, etwas zu Ende bringe, wo ich zu jemandem halte und ihm treu bleibe? Treue heißt, daß ich mich für jemanden entschieden habe, mich für jemanden verantwortlich fühle, ihm sage, daß er sich auf mich verlassen kann und ich ihn nicht bei der ersten besten Gelegenheit wieder fallen lasse. Ist es nicht auch eine Erfüllung, wenn man erlebt, daß man trotz gewisser Schwierigkeiten eine lange Wegstrecke mit jemandem zurückgelegt hat, durch dick und dünn mit und für den andern gegangen ist?

Einer der immer wieder genannten Gründe für Verhaltensstörungen ist die Konzentrationsschwäche. In einer Zeit der Reizüberflutung besteht eine der wichtigsten Aufgaben darin, zu lernen, wie man auswählt und sich einer Sache voll und ganz widmet, bei etwas bleibt. Es gibt immer mehr Kinder, die stundenlang im Fernsehsessel von einem Programm zum anderen schalten und die im wahrsten Sinne des Wortes verlernt haben abzuschalten. Gerade hier hat freilich auch das schlechte Beispiel mancher Eltern Entscheidendes beigetragen.

Ein letzter Gedanke noch zur Bescheidenheit: Gerade in den letzten Jahren, die auf eine oft blinde Fortschrittsgläubigkeit folgten, haben wir erfahren, daß der Mensch allen Grund hat, ein bißchen bescheidener zu sein. Denn es sagten und sagen uns gerade die bedeutendsten Wissenschaftler und Denker immer wieder, wie beschränkt unser Wissen ist. Von Sokrates, der zugab, daß er nur eines wüßte, nämlich daß er nichts weiß, bis zu dem großen Philosophen unserer Tage, Sir Karl Popper, führt eine gute Tradition menschlicher Bescheidenheit, was unser Wissen anbelangt. Popper nämlich stellt fest: »Wir können sagen, daß unser hypothetisches Wissen endlich ist, unser Nichtwissen aber unendlich.«

Vorbild

Im Sinne einer Rückbesinnung auf den gesunden Menschenverstand hat man in der Pädagogik einige ihrer wesentlichsten Grundbegriffe wieder entdeckt: das Kind, die Erziehung und das Vorbild. Der bayerische Kultusminister Hans Maier stellte vor kurzer Zeit fest: »Kein Kind und kein Jugendlicher kann ohne Nachahmung eines Erwachsenen und ohne Vorbild wirklich wachsen und reifen, das heißt, mit sich selbst identisch und für ein Du verantwortlich werden. Unsere Jugend ist allein gelassen, und diese Verlassenheit wird signalisiert auf Plaketten und an Mauern durch das große A in einem Kreis, das Anarchie oder Aussteigen oder alternativ oder Angst bedeutet und im Grunde nur Zeichen einer großen Sprach- und Heimatlosigkeit ist. Für den Adressaten dieses verschlüsselten Hilferufes, für die Erwachsenen gibt es heute aber kaum etwas Schwereres . . . als ein Vorbild zu sein.«
Endlich mißt man also dieser uralten pädagogischen Grundeinsicht wieder mehr Bedeutung zu, an der man sich viele Jahre mit allem möglichen teilweise pseudowissenschaftlichen Gerede vorbeimogelte; daß der junge Mensch letztlich nur das ernst nimmt, was ihm glaubwürdig vorgelebt wird. Peter Rosegger formuliert das so: »Der Erzieher hat . . . das Richtige

zu sein. Das stillberedte Beispiel allein wirkt unvergleichbar tiefer und nachhaltiger als die lautesten Worte.« Romano Guardini drückt den Sachverhalt ähnlich aus: »Das erste Wirkende ist das Sein des Erziehers; das zweite, was er tut, das dritte erst, was er redet.«
Kinder haben ein waches Gespür für die Einheit von Wort und Tat. Sie merken sehr schnell, ob es uns mit dem, was wir sagen, ernst ist. Wenn die Erwachsenen über Verkehrserziehung reden und selbst bei Rot über die Ampel rennen; wenn wir von Höflichkeit reden und beim Autofahren den andern mit Schimpfworten belegen; wenn wir am Telefon liebenswürdig tun und, kaum ist der Hörer aufgelegt, über den Gesprächspartner plötzlich ganz anders reden, wenn wir den jungen Menschen das Fernsehen verbieten und selbst jede freie Minute vor dem Apparat verbringen, wenn wir das Kind zum Kirchenbesuch auffordern und selbst seit Jahren nicht mehr in der Kirche waren. Die Beispiele ließen sich beliebig vermehren. Eines ist sicher, der beliebte Spruch: »Das darf sich ein Erwachsener, nicht aber ein Kind leisten« wird uns nur in den seltensten Fällen abgenommen.
Vorbild sein heißt im übrigen nicht, daß man meint, als Ideal leben zu können, ein fehlerfreies Leben vorleben zu können. Auch Erzieher machen Fehler, können scheitern. Wichtig aber ist, daß der junge Mensch die Ehrlichkeit der

Bemühung spürt. Wenn wir unter Erziehung ganz schlicht »Lebenshilfe«, eine Hilfe, damit das Leben gelingt, verstehen, so erscheint als wichtigste Grundhaltung jedes Erziehers jene grundsätzlich positive Einstellung zum Leben an sich. Ich glaube, daß es da ohne eine gelegentliche Gewissenserforschung über meine eigene Lebenseinstellung nicht abgehen kann, und daß ich mir hin und wieder einmal Fragen wie die folgenden zu stellen habe: Was bedeutet mir das Leben? Betrachte ich das Leben als ein Gut, einen Wert? Wo sehe ich selber den Sinn des Lebens? Was halte ich für wichtig, wesentlich? Lebe ich auch danach? Welche Grundwerte akzeptiere ich? Was trage ich zu ihrer Verwirklichung bei? Wann erfahre ich das Leben als besonders sinnvoll? Gebe ich diese Erfahrung auch weiter? Wie werde ich selber mit den Erfahrungen einer gewissen Sinngefährdung fertig? Wie behaupte ich mich gegen Anflüge von Niedergeschlagenheit, Mutlosigkeit, Resignation und Angst? Was glaube und hoffe ich? Lebe ich auch selber im Sinne meiner Hoffnung und meines Glaubens?
Gerade heute, da die Angst das große Schlagwort der Pädagogik zu werden scheint, ist es geboten, uns ihr zu stellen und auch entgegenzustellen. Es ist eine bekannte Tatsache, daß jeder irgendwie Angst hat, und es fragt sich nur, wovor. Wir kommen aber als Erzieher nicht weiter, wenn wir uns immer nur diese Angst vor

der Zukunft, vor dem Leben bekunden und jammernd in die Arme fallen. Zum Vorbildsein gehört, daß man versucht, den anderen, wenn es nottut, auch vorauszugehen. Dazu gehört oft eine ganze Portion Mut. Man traut sich etwas eigentlich nur da, wo man auf etwas vertraut. Das Grundvertrauen aber ist das Vertrauen, daß alles einen tieferen, letzten Sinn hat. Wer sich um diese vertrauensvolle Einstellung zum Leben nicht bemüht, muß sich nicht wundern, wenn man ihm als Erzieher, als eben jenem, der Lebenshilfe leisten will, kein Vertrauen schenkt.

Heile, heile Segen

Haben Sie es schon bemerkt, daß ein Wort, das uns in unserer Kindheit noch ein liebes und tröstliches war, heute in großen Mißkredit gekommen ist? Wer nämlich von einer *»heilen«* Welt spricht, der prangert oft eine naive, kritische und unrealistische Weltsicht an. Dagegen stellt man das wache, kritische, realistische Denken, zu dem man den jungen Menschen erziehen sollte. Und dieses Denken ist für viele ein bewußtes Aufsuchen von Konflikten. Man sucht geradezu die unheilen Stellen in unserer Welt auf. Waren zugegebenerweise früher gerade in Kinderbüchern vielleicht ein wenig zuviele Darstellungen einer Welt, in der alles in Ordnung ist, abgeschiedene Gärten voller Rosen, Tulpen und Nelken, so hat man nun sozusagen alle Blumen aus der Kinderwelt verbannt und findet allenfalls noch Neu-Rosen in dieser Erziehungskonzeption. Der von der Mutter gesungene Trost »Heile, heile Segen« wurde auf den Index gesetzt und durch den emanzipatorischen Rappelkistensong »Ene mene Miste« ersetzt. Wie so oft hat das Pendel ebenso stark in die Gegenrichtung ausgeschlagen.

Dabei war das Heil im Denken aller Völker immer ein oberster Wert. Der Mensch bemüht sich von Natur aus immer, etwas heil zu er-

halten oder den heilen Zustand wiederherzustellen – der Arzt ebenso wie der Erzieher. Bei F. X. Eggersdorffer ist Erziehung geradezu definiert als »Heilswille am Kind«. Auch die christliche Religion versteht sich als Heilslehre: Der Heiland kündet das ewige Heil.
Unserer Zeit blieb es im Zuge einer Umwertung aller Werte vorbehalten, das Heil geradezu als Unwert darzustellen, der Lächerlichkeit preiszugeben. Dafür sucht man das Heil im Unheilen. Die Neinsage-Apostel haben das Wort »kritisch« auf ihr Panier geschrieben, wobei sie von dem Dogma ausgehen, kritisches Denken sei nur da, wo man zu allem von vorneherein »nein« sagt, wo man überall ein Haar in der Suppe entdeckt. Von diesen Leuten hat man dann oft den Eindruck, daß sie sich eine Suppe nur zu dem Zweck bestellen, damit sie ein Haar darin entdecken. Das einzige Ja ist dann das Ja zum Nein. Die Folgen dieser Einseitigkeiten zeichnen sich früh ab. Wenn junge Menschen von klein an nur noch Konflikte aufgezeigt bekommen, wenn sie kaum mehr Gelegenheit haben, etwas Heiles kennenzulernen, brauchen wir uns nicht zu wundern, daß wir ein rapides Überhandnehmen von Verhaltensstörungen konstatieren müssen. 25 Prozent der Vorschulkinder und Schulanfänger werden als »gestört« eingestuft, weiß die Deutsche Gesellschaft für Psychiatrie zu berichten.
Auch in der Literatur gilt das, was aufgeht, als

verdächtig. Es darf sich auch nichts mehr reimen. Jeder Reim gilt bei den Kritikern als Ausdruck einer reaktionären Zustimmung zur Welt. Dafür bieten manche Leute ihre Ungereimtheiten selbstkritiklos als kritische Literatur, als des Kaisers neue Kleider an. Und wer sich keinen Vers darauf machen will, der wird automatisch als unkritisch beschimpft. Als literarisches Nonplusultra gilt, ständig seine eigene zerklüftete Seelenlandschaft selbstmitleidig zur Schau zu stellen.

Wir haben jahrelang die Fähigkeit, alles in Frage zu stellen, zu »hinterfragen«, als oberstes Erziehungsziel propagiert, auf das schon im frühesten Alter hinzuarbeiten ist. Aber wir haben dabei versäumt, Antworten zu geben. Wir haben über diesem Weiterfragen verlernt, den Grund, das Begründende zu sehen und sehen zu lernen. Das Sinnlose und Heillose ist die einzige Antwort, die heute bei vielen noch als pädagogisch und literarisch salonfähig gilt. Wen wundert es, daß die Symptome für unsere Zeitkrankheit immer deutlicher werden? Von den verhaltensgestörten Kindern war schon die Rede. Zugenommen haben in einem Übermaß die Drogengefahr, der Alkohol und die Tablettensucht. Allein in Bayern wird die Zahl der Tablettensüchtigen auf über eine Million, die der Alkoholkranken in der Bundesrepublik auf 1,8 Millionen geschätzt. Die psychosomatischen Erkrankungen nehmen rapide zu. Ängste, Le-

bensunlust, Autoaggression, Gefühl von Leere und Resignation werden als die Stimmungslage unserer Gesellschaft beschrieben.
Sie verkauft sich ja auch recht gut, diese Angst. Makler für Grundstücke in Kanada, Australien usw., Neurosen-Kavaliere, wie der Paniklie-dermacher Udo Lindenberg und schulangstverkündende Psycho-Horrorpathen haben Hochkonjunktur.
Vieles, was man über die Ängste unseres Volkes liest und hört, scheint übertrieben. Dennoch ist zu fragen: Bräuchte unsere, wenn auch noch nicht todkranke, aber doch kränkelnde Gesellschaft nicht wieder eine Besinnung auf das Heile, Heilende und alles, was damit zusammenhängt? Sollten wir das Wort »Heil« nur mehr der Werbung mit ihren Rein- und Heilmachern überlassen, oder neuen Heilsideologen und Wunderheilern, die bereits regen Zulauf finden? Müssen wir uns nicht mit aller Macht bemühen, das viele Heile, Gesunde und Gute in unserer Welt wieder stärker zu entdecken und sichtbar zu machen? Wer aber etwas zur Gesundung der Welt beitragen will, muß bei sich und seiner Umwelt anfangen. Nur wer nicht ständig zimperlich vor sich hinjammert, nur wer auch mit sich ins reine kommen will und sich Rechenschaft ablegt, wo er selber sein Heil sucht, hat Chancen, daß man ihn als »Heilenden« ernst nimmt.
Ich glaube, es wäre an der Zeit, daß wir uns

selbstverantwortlich auf eine solche Heilssuche machen, um selber »heils-mündig« zu werden, bevor nicht wieder jemand in eine unheile Welt kommt, der uns dann das Heil-Rufen diktatorisch verordnet.

Jugend

»Jugend«, so heißt ein alter Spruch, »ist die Jahreszeit der Hoffnung«. Welten scheinen zu liegen zwischen dieser Charakterisierung und der heute immer wieder gehörten Feststellung, wonach die Grundhaltung unserer Jugend die Resignation sei. Auf Plaketten prangt das Wort »No future«, und auch in der Musikszenerie ist von der zukunftslosen Zukunft die Rede. Hatte Martin Luther die Jugend charakterisiert als »Most, der sich nicht halten läßt, der vergären und überlaufen muß«, so gewinnt man nach den immer wieder gehörten Parolen und Gesängen den Eindruck, als sei an die Stelle der Hoffnung die Angst, an die Stelle des Überschäumens fade Langeweile und Lahmheit getreten.

Ich meine, ein pauschales Urteil, wie die Jugend wirklich ist, läßt sich heute ebensowenig fällen wie zu allen anderen Zeiten, denn man muß sich darüber im klaren sein, daß bei allen Urteilen dieser Art ein besonders (negativ oder positiv) auffallender Teil absolut gesetzt wird. Gerade unsere Zeit neigt dazu, besonders Auffälliges überzubewerten und Randgruppen für repräsentativ zu erklären. Ich zweifle auch immer etwas an irgendwelchen Statistiken über Grundeinstellungen, denn diese lassen sich eben nur schwer in Schlagworten oder Zahlen ausdrücken. Und häufig gehen diejenigen, die

Befragungen durchführen, schon mit einer entsprechenden Grundeinstellung heran und fragen das heraus, was sie hören wollen.
Im übrigen – wer ist es denn, der die »Jugendkultur« beispielsweise in den Medien vermittelt? Schon bei den Jugendschlagersendungen höre und sehe ich immer wieder viele Sänger und Musiker, die dem Jugendalter schon längst entwachsen sind. Und wer macht denen eigentlich ihre Musik und ihre Texte? Ich kann mich des Eindrucks nicht erwehren, als wären da weniger Jugendliche als vielmehr ausgekochte Profis am Werk, die eine jeweils neue Welle kreieren und mit allen möglichen Mitteln durchsetzen. Da gibt es Schlagerproduzenten, die vom Friedenslied über das kitschige, alpenstürmende Holodrio bis zum Aggressionsgesang, ja zu neonazistischen Songs alles machen, was sich eventuell für sie lohnt. Es gibt doch keine Zweifel, daß man durch entsprechenden Werbeeinsatz und durch häufiges Abspielen ein Bedürfnis wecken kann.
Apropos Bedürfnis. Vielfach stellen sich die sogenannten Bedürfnisse des Menschen als Ergebnisse einer wohlvorbereiteten Bedürfnisweckung dar, die der Idee geschickter, manchmal aber auch skrupelloser »Verkäufer« entspringt. Ich kann es einfach nicht glauben, daß das, was uns als allgemeines Lebensgefühl der Jugendlichen vorgeführt wird, unsere Jugend repräsentiert. Warum werden zum Beispiel in Jugend-

sendungen, Jugenddiskussionen nicht öfter Lieder mit positiven Inhalten gesungen, die eine kleine Hilfe darstellen können, um den Jugendlichen das Leben als etwas Großartiges und Lebenswertes erfahren zu lassen? Ich weiß aus eigener Erfahrung, daß es kaum möglich ist, Lieder dieser Art einzubringen.
Vor ein paar Tagen bekam ich eine Zeitschrift von Jugendlichen zugeschickt, die mich in der Meinung bestätigte, daß Jugendliche keineswegs nur resigniert in die Zukunft schauen. Dabei finden sich Worte wie: »Warten, daß etwas passiert, das tun viele. Warum aber nicht auch einmal selbst zur Änderung beitragen« und: »Das Gefühl, nur so ein winziger Teil der Menschheit zu sein, erweckt manchmal in einem den Eindruck, daß man so wenig ausrichten kann, so hilflos ist, fast minderwertig. Und dabei kann ein einziger Mensch in Verbindung mit anderen soviel ändern, er muß nur den Schritt tun, sich mit den anderen zu verbinden«.
Um dieses Gespräch, das im übrigen nicht nur zwischen den Generationen notwendig wäre, sollten wir uns ehrlich bemühen, ein Gespräch freilich, bei dem man den anderen auch als anderen ernst nimmt, ein Gespräch, bei dem man auf den anderen eingeht, ihn anhört und annimmt. Wir reden so viel über Kommunikation und reden so wenig miteinander. Vielleicht sollten wir uns nicht so sehr auseinander- als vielmehr zusammensetzen. Gespräche erfor-

dern Zeit und Geduld. Wer den andern mag, der hat für ihn Zeit und gibt ihm von seiner Zeit. Und es kann sein, daß man sich mit der Zeit auch ein wenig näher kommt, so wie Mark Twain einer Siebzehnjährigen so humorvoll antwortete, als sie sich über ihren Vater beklagte, weil er so rückständig und ohne Sinn für das Moderne sei: »Ich kann Sie gut verstehen. Als ich siebzehn Jahre alt war, zeigte mein Vater ebenfalls keine Bildung. Haben Sie Geduld mit alten Leuten. Die entwickeln sich langsamer. Zehn Jahre später, mit siebenundzwanzig Jahren, konnte ich mich schon vernünftig mit ihm unterhalten. Heute bin ich siebenunddreißig und – ob Sie es glauben oder nicht – ich kann ihn fragen, wenn ich keinen Rat mehr weiß. Es ist verblüffend, was der alte Herr dazugelernt hat.«

Gedanken zur Zeit

Im vergangenen Oktober machte ich einen Bummel durch die Geschäfte und traute meinen Augen kaum: Da schmorte in der warmen Herbstsonne doch tatsächlich eine ganze Garde Schokoladennikoläuse auf ihren Auftritt in zwei Monaten hin. Ein wenig später werden bereits Adventskränze, aber auch schon Weihnachtskarten, Christstollen usw. angeboten. In den ersten Novembertagen stellt sich ein Vorstadtfaschingsprinzenpaar auf einem Ball der zukünftigen närrischen Gemeinde vor. Die Weihnachtsfeiern beginnen »pünktlich« in den ersten Dezembertagen, am Aschermittwoch liegen bereits die gefärbten Ostereier in den Geschäften. Der Sommer kündigt sich meist mit dem Sommerschlußverkauf an. Die Feste gehen ineinander über, das Jahr verliert seine Konturen.

Ich lese wieder einen popular-pädagogisch-psychologischen Aufsatz, in dem steht, daß Kinder schon meist vor der Einschulung in der Lage sind, zu lesen und zu rechnen.
Die heutige gesellschaftliche Situation fordere von den Menschen so viel, daß man die Kinder beizeiten auf die Erwachsenensituation vorbereiten müsse.
Eine Mutter jammert, daß in der ersten Klasse,

in die ihr Mädchen geht, die Kinder noch nicht soweit wären wie die in der Parallelklasse. Da wäre doch schon jetzt der Übergang ins Gymnasium gefährdet.

Ein Leserbrief in einer Zeitung. Eine Vierzehnjährige beklagt sich bitter über das Unverständnis ihrer Eltern, die ihr noch so viele Vorschriften machten und ihr vieles nicht erlaubten, was ihr doch eigentlich schon zukomme, denn warum solle sie noch auf ihre Volljährigkeit warten müssen, wo sie sich doch schon so erwachsen fühle.

Ich höre bei einer Diskussion wieder einmal das altvertraute Argument, daß man danach streben müsse, alle auftretenden Bedürfnisse sogleich zu erfüllen, um Frustrationen zu vermeiden.

Was das Gemeinsame an diesen Geschichten ist? Sie haben es sicher gleich erkannt: Überall geht es etwas ungeduldig zu. Man will nicht warten, bis etwas eintritt, man will sich nicht gedulden. Geduld galt lange Zeit als besondere Tugend: etwas abwarten können, sich und den anderen Zeit lassen, akzeptieren, daß jemand oder etwas Zeit zur Reife, zur Entwicklung braucht. Ich dränge nicht, versuche nicht verändernd einzugreifen, etwas anders zu machen. Das heißt, ich gebe dem anderen Zeit und Raum. Vielleicht haben wir, die wir immer noch in einer Machbarkeitseuphorie leben, nichts so sehr verlernt wie diese Geduld. Heute, wo scheinbar alles immer schneller geht, haben wir immer weniger Zeit, Zeit zu haben.

Michael Ende hat in seinem Roman »Momo« großartig dieses Nicht-mehr-Zeit-Haben beschrieben: Der Friseur Fusi bekommt eines Tages Besuch von einem grauen Herrn, der ihm rät, Zeit zu sparen. Nach einiger Überlegung entschließt er sich dazu: Er unterhält sich nicht mehr mit den Kunden, legt jeden Handgriff nach einem genauen Zeitplan fest, schafft seinen Wellensittich ab, seine Mutter gibt er ins Altenheim, mit seiner Freundin macht er Schluß, und ins Geschäft hängt er ein Schild mit der Aufschrift: »Gesparte Zeit ist doppelte Zeit.«

Mit seinem Zeitsparen steckt er bald die ganze Stadt an. Die Folgen zeigen sich bald. Bei Herrn Fusi sieht es so aus: »Er wurde immer nervöser und ruheloser, denn eines war seltsam: Von der Zeit, die er einsparte, blieb ihm tatsächlich niemals etwas übrig. Sie verschwand einfach auf rätselhafte Weise und war nicht mehr da. Seine Tage wurden erst unmerklich, dann aber deutlich spürbar kürzer und kürzer. Ehe er sich's versah, war schon wieder eine Woche, ein Monat, ein Jahr herum . . .« (S. 69).

Auch auf die Leute in der Stadt wirkte sich das Zeitsparen aus: »Sie verdienten mehr Geld und konnten mehr ausgeben. Aber sie hatten mißmutige, müde oder verbitterte Gesichter und unfreundliche Augen ... Selbst ihre freien Stunden mußten, wie sie meinten, ausgenutzt werden und in aller Eile so viel Vergnügung und Entspannung liefern, wie nur möglich war. So konnten sie keine richtigen Feste mehr feiern, weder fröhliche noch ernste. Träumen galt bei ihnen als ein Verbrechen. Am allerwenigsten konnten sie die Stille ertragen. Denn in der Stille überfiel sie die Angst, weil sie ahnten, was in Wirklichkeit mit ihrem Leben geschah. Darum machten sie Lärm, wann immer Stille drohte ...

Und schließlich hatte auch die große Stadt selbst mehr und mehr ihr Aussehen verändert. Die alten Viertel wurden abgerissen und neue Häuser wurden gebaut, bei denen man alles wegließ, was nun für überflüssig galt. Man sparte sich die Mühe, die Häuser so zu bauen, daß sie zu den Menschen paßten, die in ihnen wohnten ... Und da alle Häuser gleich aussahen, sahen natürlich auch alle Straßen gleich aus. Und diese einförmigen Straßen wuchsen und wuchsen und dehnten sich schon schnurgerade bis zum Horizont – eine Wüste der Ordnung! Und genauso verlief auch das Leben der Menschen, die hier wohnten: Schnurgerade bis zum Horizont! Denn hier war alles genau berechnet und geplant, jeder Zentimeter und jeder Augenblick. Niemand schien zu merken, daß er, indem er Zeit sparte, in Wirklichkeit etwas ganz anderes sparte. Keiner wollte wahr haben, daß sein Leben immer ärmer, immer gleichförmiger und immer kälter wurde. Deutlich zu fühlen jedoch bekamen es die Kinder, denn auch für sie hatte nun niemand mehr Zeit. Aber Zeit ist Leben. Und das Leben wohnt im Herzen. Und je mehr Menschen daran sparten, desto weniger hatten sie.« (Michael Ende, Momo, S. 69 ff).

Dasselbe Phänomen beschreibt St. Exupéry in seinem Kleinen Prinzen: »Guten Tag«, sagte der kleine Prinz. »Guten Tag«, sagte der Händler. Er handelte mit höchst wirksamen, durststillenden Pillen. Man schluckt jede Woche eine und spürt überhaupt kein Bedürfnis mehr zu trinken.

»Warum verkaufst du das?« sagte der kleine Prinz.

»Das ist eine große Zeitersparnis«, sagte der Händler. »Die Sachverständigen haben Berechnungen angestellt. Man erspart dreiundfünfzig Minuten in der Woche.«

»Und was macht man mit diesen dreiundfünfzig Minuten?«

»Man macht damit, was man will . . .«

»Wenn ich dreiundfünfzig Minuten übrig hätte«, sagte der kleine Prinz, »würde ich ganz gemächlich zu einem Brunnen laufen . . .« (Antonie de Saint-Exupéry, Der kleine Prinz, S. 54 f).

Die Frage nach dem Menschen und dem Sinn unseres Dasein ist mit der Frage nach der Zeit verbunden. Der Mensch ist das Wesen, das über die Zeit und seine Lebenszeit nachdenken kann. Ihm ist also seine Zeit nicht nur gegeben, sondern aufgegeben. Wie er die Zeit nutzt, was er aus ihr macht, ist eine der wesentlichen Sinnfragen seines Menschseins. Die Zeit nützen, das kann aber häufig auch heißen, daß man sich und der Zeit Zeit läßt, daß man etwas geschehen, wirken läßt. Was für den Begriff Sparen allgemein gilt, das gilt insbesondere auch für die Zeit. Sparen an sich muß noch lange nichts Sinnvolles sein. Es kommt in erster Linie darauf an, warum und wofür ich spare. Wenn Rousseau im Zusammenhang mit Erziehung sagt, daß man oft Zeit gewinnt, wenn man Zeit verliert, dann gilt das selbstverständlich in der Umkehrung, daß man möglicherweise vor lauter Trachten nach Zeitgewinn mit der Zeit nichts mehr anfangen kann.

Pfingstgedanken

Manchmal hat man den Eindruck, daß von allen christlichen Festen das Pfingstfest das am meisten säkularisierte ist. Auf die Frage, was uns Pfingsten heute noch bedeutet, wüßten bestimmt viele von uns recht wenig zu antworten. Die dritte göttliche Person, der Heilige Geist, scheint er nicht – sieht man davon ab, daß er beim Kreuzzeichen Erwähnung findet – noch ärger in Vergessenheit geraten zu sein als die von unserem materialistischen Denken so wenig beachteten göttlichen Personen.
Ich stelle mir ebenfalls die Frage, was mir dieses Ereignis des Pfingstfestes sagt. Das Lied »Komm Hl. Geist, kehr bei uns ein« klingt mir in den Ohren. Vom Tröster ist die Rede, die »Gaben des Hl. Geistes« kommen mir in die Erinnerung. Wir hatten sie zum Firmunterricht gelernt. Weisheit und Stärke fallen mir noch ein. Und das Pfingstereignis ist mir im Gedächtnis geblieben als das Ereignis des Einander-Verstehens und der Versöhnung. Und plötzlich geht mir auf, wie wir ihn auch heute bräuchten, diesen »Geist«. Den Geist der Stärke in einer Zeit, in der das Wort Angst so bestimmend geworden ist und immer mehr mit dem Wort Zukunft in eine unheilige Allianz als Zukunftsangst eintritt.
Niemand wird leugnen, daß die Zukunft ange-

sichts der vielen düsteren Prognosen für eine realistische Betrachtung etwas umwölkt erscheint, aber haben wir nicht auch verlernt, der Gegenwart und der Zukunft mutig ins Auge zu schauen? Neigen wir nicht, etwas wohlstandsverwöhnt, dazu, zu schnell zu resignieren, wehleidig und zimperlich zu werden? Vielleicht haben wir uns auch zu sehr auf so vage Begriffe wie »Wirtschaftswachstum« und »Fortschritt« verlassen und merken erst jetzt, da diese vermeintlichen Säulen etwas ins Wanken geraten sind, daß sie nicht der alles tragende Grund sein können, daß sie beispielsweise im letzten nicht Trost sein können. Brauchen wir angesichts der Erkenntnis, zu welchen Tröstern die Menschen heute greifen, Alkohol, Drogen, Konsum, obskurste Heilbringer, nicht einen wirklichen Tröster, der uns nicht nur vertröstet, jemand, auf den wir uns verlassen können?

Besonders gefragt wäre aber der Geist des Verstehens und der Versöhnung. Noch selten hat ein Zeitalter so viel von Kommunikation geredet, so viel diskutiert und sich in so vielen Sitzungen auseinandergesetzt wie das unsere. Und selten hat man oft aneinander vorbeigeredet, so wenig miteinander geredet, auf den andern hingehört, hat sich so selten wirklich zusammengesetzt wie wir. Wie oft kommen wir nur noch zum Aneinanderkommen und Übereinkommen zusammen. Wo so viel über Friede und Kommunikation geredet wird, wäre oft ein gutes Wort wichtiger als alle möglichen Verlautbarungen. Wir bräuchten ihn schon, diesen Geist, der uns das rechte, gute Wort zur rechten Zeit finden läßt.

Und wie steht's mit der Gabe der Weisheit? Weisheit ist ein Wort, das wie viele etwas aus der Mode gekommen ist. Dabei wäre sie auch in unseren Tagen ein so wichtiges Erziehungsziel. Weisheit, das ist unter anderem ein wenig über der Sache zu stehen, sich nicht gar so wichtig zu nehmen, seine eigenen Grenzen zu sehen, vor allem die Grenze des menschlichen Wissens anzuerkennen, zu erfassen, wo man mit Wissen nicht mehr weiterkommt und den Sprung in den Glauben und die Hoffnung tun muß.

Eng zusammenhängend bedürfen wir alle der Gabe des Humors und der Freude. Humor als Gabe, trotz allen Wissens um die Widerwärtigkeiten des Lebens, ja zu ihm zu sagen, und Freude als jene Einstellung zur Welt, die immer wieder die guten Seiten sucht und diese Erfahrung weitergibt.

Und schließlich die Gabe des Trostes, daß man sich von diesem Geist getragen sieht und zu einem Vertrauen in das Leben findet, ein Vertrauen, das auch über dieses Leben hinausragt in eine letzte Geborgenheit.

Das neue Bewußtsein

Kleine Wanderungen entlang eines Flusses können nicht nur wunderschöne Naturerlebnisse vermitteln, sie bieten gerade zur Badezeit auch eine Fülle menschlicher Beobachtungsmöglichkeiten. Ich komme an einem Badeplatz vorbei, an dem vornehmlich junge Leute liegen, offenbar aus der nahegelegenen Schule. Ich freue mich über ihr fröhliches, freies, natürliches Verhalten. Auf den ersten Blick keine Spur des vielstrapazierten Begriffs Schulstreß oder einer resignierenden »No-future-Generation«. Nach einer mehrstündigen Wanderung komme ich wieder zurück und beginne nachdenklich zu werden. Der Platz ist inzwischen menschenleer geworden, dafür liegt eine solche Unmenge Unrat, Schachteln, Büchsen, Becher, Flaschen herum, daß man meint, es handele sich um einen Müllabladeplatz. Wieviel wurde in den letzten Jahren für das Umweltbewußtsein getan? Und nach der Wahrscheinlichkeitsrechnung waren bestimmt einige der jungen Leute Anhänger des Naturschutzes, vielleicht auch potentielle »Grüne«, die sonst mit allen möglichen Plaketten für die Reinhaltung der Natur herumlaufen mögen. Wie kommt es, daß dieses Bewußtsein so wenig tatsächlichen Ausdruck findet?

»Wir wissen zwar nicht mehr, wohin wir

wollen, aber dafür sind wir immer schneller dort«, pflegte mein Freund Rudi Seitz zu sagen. Ähnliches meinte in der Antike Seneca mit seinem Gleichnis, daß dem Segelschiff die günstigsten Winde nichts nützten, wenn der Steuermann nicht um die Richtung wüßte. Es gibt keinen Zweifel, daß es notwendig ist, nachzudenken über Ziel und Sinn unseres Daseins, über Probleme der Zeit und deren Lösungsmöglichkeiten, daß wir neue Theorien zu entwickeln und neue Fragen ins Bewußtsein der Öffentlichkeit zu rücken haben.

Unsere Zeit hat diese Forderung teilweise sehr ernst genommen. Viele sahen und sehen es als wichtigste Aufgabe der Erziehung an, ein neues Bewußtsein herzustellen. Manche meinten, das ginge nur so, daß man zunächst einmal Bestehendes in Frage stellen, ja sogar madig machen müsse, um aus den Trümmern des Bisherigen ein ganz und gar neues Bewußtsein zu entwikkeln. Zugegeben, es ist eine zentrale Aufgabe der Menschheit, über Vergangenes, Gegenwärtiges und Zukünftiges nachzudenken, und niemand bestreitet die Notwendigkeit, sich immer wieder um das rechte Bewußtsein zu bemühen. Probleme entstehen freilich da, wo man glaubt, damit sei schon alles getan. Wenn man sich vor Augen führt, wieviel in den letzten Jahren von Bewußtseinsänderung gesprochen wurde, und wie sehr man anderseits heute über den Sinnverlust klagt, muß man zugeben, daß die Bilanz etwas dürftig geblieben ist. Ein großer Fehler taucht in der Denkgeschichte der Menschheit immer wieder auf: Die Annahme, daß der Aufklärung automatisch das rechte Bewußtsein, diesem wiederum die richtige Haltung und die entsprechende Tat folgen müsse. Aber bereits Ovid weiß, daß rechtes Bewußtsein nicht automatisch zur rechten Tat führt, wenn er sagt: »Ich sehe das Bessere und es findet meine Zustimmung, und doch tu' ich das Schlechtere.« In den letzten Jahren herrschte vielfach eine recht mechanische Vorstellung vom Menschen vor: Man müsse ihm nur das rechte Programm wie in einen Computer eingeben, und er würde fast automatisch das richtige Ergebnis ausspucken. Ebenfalls recht naiv waren manche Vorstellungen zum Schlagwort Motivation. Man bräuchte nur die richtige Motivation zu finden, und dann ginge alles wie von selbst. Mit ein wenig mehr gesundem Menschenverstand hätte man sich freilich auch die Tatsache ins Bewußtsein rufen können, daß der Weg vom Wissen über den Vorsatz bis hin zur Tat ein ganz gewaltiger ist. So meint Gustav Knuth sarkastisch: »Der gute Vorsatz ist meistens ein Fahrplan ohne Eisenbahnzüge.«

Was haben wir uns im Augenblick des besseren Wissens nicht schon alles vorgenommen (beispielsweise zu Beginn eines neuen Jahres)? Wie gut wissen wir heute etwa auf dem medizinischen Sektor darüber Bescheid, was gesund oder ungesund ist? Man denke nur ans Rauchen! Der gute Vorsatz ist schnell gefaßt, ihn zu realisieren und vor allem durchzuhalten, ist das entscheidende Problem.

Das ist auch so beim Thema Umweltschutz. Niemand soll behaupten, daß es heute in erster Linie nur am Umweltbewußtsein kranke. Für die Aufklärung wird wirklich eine ganze Menge getan. Aber wie lautet doch ein chinesisches Sprichwort? Zu wissen, wie man etwas macht, ist nicht so schwer. Schwer ist nur, es zu machen.

Wenn vorher von der Bedeutung des rechten Bewußtseins für die Erziehung die Rede war, so sollten wir vor allem auch auf die erzieherische Verantwortung hinweisen, das Bewußtsein in die Tat umzusetzen. Phil Bosmans meint zu Recht »Ein Prozent Hilfe ist mehr als hundert Prozent Mitleid«. Den Weg vom Denken zum Tun ein wenig abzukürzen, scheint gerade in unserer Zeit zunehmender Theoretisierung besonders wichtig zu sein, denn, wie Somerset Maugham feststellt: »Alles, was zu viel bedacht wird, wird bedenklich.« Der Spruch, daß der, der tut, was er kann, tut, was er soll, drückt die Forderung der Umsetzung von Wissen in die Tat ebenso aus, wie jener so schöne satirische Satz, den ich vor kurzem gelesen habe: »Die etwas können, tun es, die es nicht tun können, lehren es; die es nicht tun und lehren können, verwalten es.« (H. Menecke)

Haltet mich für entschuldigt

Bei Lukas, 14, 15 ff finden wir das Gleichnis »Das große Gastmahl«, bei dem alle möglichen Gäste mit dem Satz »Haltet mich für entschuldigt« der Einladung fernbleiben.

Entschuldigungen spielen im Leben des Menschen eine große Rolle. In der Schulzeit schreiben Erziehungsberechtigte Entschuldigungen für ihre Kinder, wenn sie nicht zum Unterricht erscheinen können. Liebe Muttis haben auch sonst immer Entschuldigungen für ihre Kinder parat und lassen sich eine ganze Menge einfallen, um zu erklären, warum das Kind dieses oder jenes falsch gemacht hat. Der junge Mensch lernt auch beizeiten, sich zu entschuldigen. Er kann sich im doppelten Sinn entschuldigen, indem er jemand für einen Fehler um Entschuldigung bittet, oder aber auch sich vor sich selber ent-schuldigt, sich also selbst mehr oder weniger von seiner Schuld freispricht.

Und da läßt sich der Mensch tatsächlich einiges einfallen, was ihn von seiner Schuld vor sich und anderen reinigen, ihn der Schuld entheben kann. In Bayern zum Beispiel gibt es einen großartigen Entschuldigungsgrund: den Föhn. Selbstverständlich läßt sich das Wetter in jeder Form für alles mögliche verantwortlich machen, wenn es gerade wieder einmal besonders schlimm ist, gleichgültig, ob zu warm oder zu kalt, zu stürmisch oder zu schwül. Und dann gibt es natürlich den Entschuldigungsdauerbrenner, die Veranlagung, wonach die Gene, die man von den Vorfahren ererbt hat, dafür herhalten müssen, daß man halt gerade so und nicht anders ist.

Die letzten Jahrzehnte haben uns noch einen großartigen Entschuldigungsgrund bewußt gemacht: das Milieu, die Umwelt oder, noch besser, die Gesellschaft. Von den gesellschaftlichen Verhältnissen her läßt sich nahezu alles rechtfertigen und entschuldigen. Denn was kann ich schon wirklich dafür, daß ich in eine solche Umwelt hineingeboren bin und die Gesellschaft so miserabel ist. Eine Besserung des einzelnen wäre nur möglich, wenn sich die gesellschaftlichen Verhältnisse ändern würden. Da muß man halt abwarten.

Manche Psychologen und Soziologen haben ein ganzes Arsenal an Entschuldigungen entdeckt, eine ganze Tastatur, auf der man beliebig spielen kann, wenn man schnell seine Schuld loswerden will. Und diese modernen Sündenböcke lassen sich schnell und schmerzlos vorschieben, weil sie nichts kosten und so wohlklingend anonym sind. Da kann man sich sogar oft das kleine Wörtchen »Entschuldigung« sparen, wenn man jemandem auf den Fuß getreten ist, denn Schuld ist ja eigentlich auch wieder die Gesellschaft, weil sie nicht breitere Straßen baut, wo man mehr Platz hätte, oder zu wenig Verkehrsmittel einsetzt. Dann käme es nicht zu einem solchen Gedränge.

Ich will nicht leugnen, daß man mit dem Wort Schuld oft Schindluder getrieben, daß man bei Kindern schon früh alle möglichen Schuldkomplexe erzeugt hat. Aber muß denn alles ins entgegengesetzte Extrem umschlagen, daß man nunmehr alles, aber auch alles entschuldbar macht? Wo bleibt da eigentlich die Freiheit des einzelnen, die selbstverantwortliche, mündige Persönlichkeit, von der doch gerade in unserer Zeit – zu Recht, wie ich meine – so viel die Rede ist. Interessant ist jedenfalls die Tatsache, daß es für den einzelnen so etwas wie ein Schuldbewußtsein geben muß, sonst brauchten wir uns ja nicht nach Entschuldigungsgründen umzusehen. Ist es das Aufblitzen von dem, was man Gewissen nennt? Und vielleicht hat der eine oder andere gar kein so gutes Gewissen, wenn er es sich zu leicht macht mit den Entschuldigungen und dem Abschieben der Verantwortung.

Freiheit und Verantwortlichkeit sind Grundvoraussetzungen des Menschseins. Weil wir aber frei und verantwortlich sind, können wir auch schuldig werden. Es ist aber wiederum unserer Freiheit und Verantwortlichkeit anheimgestellt, uns zu entschuldigen, dieses Mal im anderen Sinne des Wortes: zu sagen, daß uns etwas leid tut, um Verzeihung zu bitten, etwas wiedergutzumachen, ja zu sühnen. Wer Ent-

schuldigung nur als Abschieben betrachtet, läuft Gefahr, Schuld zu verdrängen und wirkliche Verzeihung nicht zu erlangen. Ladislaus Boros meint: »Der Mensch ist sich selber nicht gewachsen«, und Albert Camus sagt: »Wir sind dazu verurteilt, größer zu sein als wir sind.« Maurice Blondel schließlich stellt fest: »Die Unzulänglichkeit in uns ist grenzenlos.«
Das wäre fast wieder eine Art Entschuldigung für unser häufiges Versagen. Die Erkenntnis der eigenen Unzulänglichkeit, verbunden mit der selbst auferlegten Verpflichtung, es besser zu machen, könnte auch die Größe des Menschen ausmachen. Und so meint Christian Morgenstern: »Jeder von uns hat etwas Unbehauenes, Unerlöstes in sich, daran unaufhaltsam zu arbeiten seine heimlichste Lebensaufgabe bleibt.«

Träume

Der Traum hat zur Zeit wieder Hochkonjunktur. Ein »Traumtheater«, der Circus Roncalli, mit seinen träumerischen Elementen, Bücher, die eine Traumwelt erstehen lassen, wie die großartige ›Unendliche Geschichte‹ von Michael Ende, finden plötzlich wieder ein großes Publikum. Wenn nicht alles trügt, taucht auch in der Musik und in der Lyrik wieder ein wenig das träumerische und romantische Moment auf, das viele Jahre von den Begriffen Realität, Sachlichkeit, rauhe, harte, ja knallharte Wirklichkeit in Schach gehalten wurde. Dies zeigt nicht zuletzt ein Blick in die Lese- und Kinderbücher der letzten Jahre, wo lyrische Gedichte weitgehend verdrängt wurden von Sachtexten, Gebrauchstexten und so fort. Märchen, Sagen, Legenden, Fabeln usw. waren ebenso verpönt, weil sie den jungen Menschen doch eine unrealistische Welt vorgaukeln würden, und man es sich in Erziehung und Schule nicht leisten könne, so viel Zeit mit »irrationalem Zeugs« zu vergeuden, ja einer objektiven Wirklichkeitsschau, wie sie unsere auf Rationalismus, Technik und Fortschritt angelegte Welt erfordere, geradezu entgegenwirkte.

Träume und Romantik bekamen von den »Managern« Vernunft und Verstand, Auftritts- und Sendeverbot. Die Phantasie wurde in die Nähe der Lüge, der Unwahrhaftigkeit oder der Spinnerei gerückt. Ich erinnere mich noch, als mir bei einem Schulbesuch ein junger Lehrer sagte, er sähe als allein sinnvolle Aufsatzform die Sachbeschreibung an, weil alles andere das Kind zur Phantasie und damit zur Lüge verführe.

Eine Einstellung, in der die Phantasie keinen Platz hat, verkürzt unser Menschsein aber ganz entscheidend. Zum Menschen gehört ebenso wie Verstand und Vernunft auch die Phantasie. Grillparzer bezeichnet sogar die Vernunft als den durch die Phantasie erweiterten Verstand. Muschg nennt die Phantasie eine »schauende Kraft«, und das »eigentlich Schöpferische im Menschen, das die Schönheit des Lebens ausmacht«, Thomas Mann sagt: »Phantasie haben heißt nicht sich etwas ausdenken, es heißt, sich aus den Dingen etwas machen.«

Die Phantasie ist geradezu eine Grundkraft des Menschen, ein Grundvermögen. Sie macht den Menschen als Menschen aus. »Die Maschinen werden eines Tages vielleicht denken«, meint Theodor Heuß, »aber sie werden keine Phantasie haben.«

Was nun die Träume anbelangt, so stehen sie in enger Verwandtschaft zur Phantasie. Wie herrlich kann es sein, an einem schönen Tag im Gras zu liegen, den Wolken nachzuschauen, mit ihnen Schiffchen zu spielen, einzusteigen und sich ein wenig wegzuträumen. Wie wir um die wichtige Funktion des Traums im Schlaf wissen

(Freud spricht vom Traum als »Wächter des Schlafes, nicht als seinen Störer«, und Lohberger nennt ihn »die Wirklichkeit des Unbewußten«), so können auch kleine Tagträume erquickende Oasen in unserem Leben darstellen. Ist die tägliche Auseinandersetzung mit der Realität überhaupt ohne sie zu leisten? Adolf Nowaczynski meint: »Nicht der ist arm, der sich keinen Jugendtraum erfüllte, sondern der, der schon in der Jugend nichts träumte.«
Vielleicht ist die Flucht so vieler auf dem Vehikel der Drogen eine Antwort auf die traumfeindliche Welt der letzten Jahre, in denen man schon den Kindern das Träumen verleidete. Und da zeigt sich auch die Gefahr einer Überspitzung. Sowohl der Traumtänzer als auch der reine Verstandesmensch sind einseitig. Phantasie und Verstand, Traum und Wirklichkeit müssen in der rechten Relation stehen. Wir brauchen für unser tägliches Leben in dieser realen Welt jenen »Goldglanz« Phantasie, »der über dem Dasein liegt und es über das Grau des Alltags erhebt« (Lindenberg). Als eine »bescheidene Teilhabe an der Art, wie der liebe Gott die Welt sieht: von oben her und frei« ist sie ebenso wertvoll wie die Träume, die nach Lohberger »Gedanken in vielen Richtungen und Zusammenhängen zugleich sein können.«
Phantasie soll aber nicht in Phantasterei ausarten, Träume dürfen nicht zur ständigen Flucht in eine Traumwelt führen. Wir müssen

schon ein wenig über unsere Träume wachen. Auch der Umgang mit Träumen und Phantasie will etwas gelernt sein, so wie es Werner Mitsch so schön sagt: »Alle unsere Träume können in Erfüllung gehen. Wir müssen nur lernen, ein wenig bescheidener zu träumen.«

Herbst

Nun ist es wieder so weit. Die ersten Blätter fallen vom Baum, und die Luft hat bereits jenen merkwürdigen Hauch des Abschieds. Es ist seltsam, daß in dieser Zeit der Mensch beginnt, ein wenig nachdenklicher zu werden. Diese Zeit, in der das Jahr sich anschickt, zum Abschied zu rüsten, verdanken wir großartige lyrische Gedichte eines Rilke, Hebel, Hesse, um nur einige zu nennen. In vielen Herbstgedichten taucht auch der Vergleich zwischen der Natur und dem Leben des Menschen auf. Ein immer wieder genanntes Bild für unser Dasein ist das Blatt am Baum, das vorgestern noch Knospe, gestern noch grün, heute schon welk am Ast hängt und morgen beim leichten Herbstwind fallen wird. »Der Abschied«, sagt Dali, »ist die Wiedergeburt der Erinnerung.«

Wenn etwas einfach da ist, ist es oft selbstverständlich, fraglos da. Der Abschied läßt etwas fraglicher werden, man denkt viel mehr nach. Wir kennen dieses merkwürdige Erlebnis, daß wir eine Uhr erst wahrnehmen, wenn sie plötzlich aus irgendeinem Grund aufhört zu ticken. Und wir erfahren das, wenn ein Mensch, dessen Wert uns sonst gar nicht zum Bewußtsein gekommen ist, von uns weggeht oder uns weggenommen wird. Da erst kommt uns oft ins Bewußtsein, was wir an ihm gehabt haben. Hans

Carossa hat diese Erfahrung in die eindrucksvollen Zeilen gebracht: »Was einer ist, was einer war, beim Scheiden wird es offenbar. Wir hören nicht, wenn Gottes Weise summt, wir schaudern erst, wenn sie verstummt.«
Und es kann tatsächlich etwas von jenem leichten Schaudern in der Herbstluft liegen, wo uns die ganze Fragwürdigkeit unseres Lebens zum Bewußtsein kommt, wo wir vom Fallen des Laubes vielleicht an unsere Hinfälligkeit und Verfallenheit, an das Vergehen erinnert werden. Und in jenen Gedanken bricht dann auch für jeden Denkenden irgendwie die Frage nach dem Sinn unseres Daseins auf. Wir fragen nach uns und unserm Leben und suchen nach einer Antwort. Immer wieder hat der Mensch Antworten versucht, Vergleiche und Bilder für dieses unser Leben verschiedenster Art aufgezeigt. Morgenstern nennt es »die Suche des Nichts nach dem Etwas.« O'Neill hält es für ein »seltsames Zwischenspiel«, Schopenhauer bezeichnet es als »Pensum zum Abarbeiten« und für Seroux ist es »das Einatmen der Zukunft.« Unzählige Bilder und Vergleiche gibt es, die aber alle keine endgültige Antwort sind. Die eigentliche Antwort ist und bleibt geheimnisvoll, vor ihr ruht jener dunkle Schleier des Todes, so wie es Lohenberger ausdrückt: »Das Leben ist ein Geheimnis, das im Tode offenbar wird und mit ihm zu Ende geht.« Und in den »Fliegenden Blättern« lesen wir den Satz: »Das Leben ist ein

Rätsel. – Und die Auflösung? – Die Auflösung.«

Gibt es etwas hinter dieser »Auflösung«, ist das Ende der Schluß, das absolute Aus; endet das Fallen in absolutem Verfall? Die Antwort auf diese Frage ist wohl nicht aus dem naturwissenschaftlichen Denken zu gewinnen. Sie kommt nur aus dem Bereich des Glaubens. Glauben, das kann sein ein Glauben an die absolute Sinnlosigkeit und Vernichtung oder ein Glauben an einen letzten Halt. Bonhoeffer bezeichnet das Leben als »Gottes Ziel mit uns«, und für Melville ist es »eine Reise, die heimwärts führt«. So betrachtet kann dann die »Auflösung« als »Erlösung« und das Ende als »Vollendung« erscheinen. Und Vergehen und Fallen endet nicht im Verfall, sondern ist ein Aufgefangenwerden in der Hand dessen, von dem das Leben uns auch geschenkt wurde und, der, wie es im letzten Satz von Rilkes Herbstgedicht heißt, »dies Fallen unendlich sanft in seinen Händen hält.«

Ewigkeit

Ich erinnere mich immer noch an jene Geschichte, mit der man versuchte, uns Kindern einen Eindruck der Ewigkeit zu vermitteln. Kennen Sie sie noch? Irgendwo steht ein Berg aus hartem Granit, dreitausend Meter hoch. Alle hundert Jahre fliegt ein kleiner Vogel an diesem Berg vorbei und wetzt seinen Schnabel daran. Und wenn der ganze Berg abgewetzt ist, ist eine Sekunde der Ewigkeit vorbei.

Der Mundartdichter Fritz Fenzl hat diese »Dimension« der Ewigkeit jüngst herrlich auf seine Weise dargestellt: »Wenn oaner in der Ewigkeit sagt: ›I kimm glei‹. Du, da kannst fei lang wartn.«

Ich weiß noch ganz genau wie heute, daß ich als Kind den Erzähler dieser Geschichte in Verlegenheit brachte, als ich fragte: Und wieviel Sekunden hat die Ewigkeit? Kinder fragen ja bekanntlich oft nach etwas ganz Wesentlichem. So eindrucksvoll die Geschichte auch sein muß, an dieser Frage zeigt sich dennoch, daß sie zwar Bild, aber keine Erklärung ist und natürlich auch gar nicht sein will, denn es soll ja nur die Unvorstellbarkeit der Ewigkeit aufblitzen. Und diese Ewigkeit läßt sich eben nicht mit etwas Zeitlichem und Räumlichem wie in dieser Geschichte erklären, auch wenn man im landläufigen Sinn oft »ewig« für »sehr lang« setzt. Der

Mensch ist ein zeitliches Wesen, und daher ist es für ihn unmöglich, sich diesen Begriff vorzustellen. Und doch ist im Menschen immer ein Verlangen nach dieser Ewigkeit. Der Philosoph Nietzsche spricht es aus, wenn er sagt: »Und alle Lust will Ewigkeit, will tiefe, tiefe Ewigkeit.«

In diesen Ruf bricht der Schmerz des Menschen auf, der um das Unaufhaltsame der Zeit weiß, der erkennt, daß Leben ein ständiges Abschiednehmen bedeutet, daß sich die Zeit weder zurückdrehen läßt (allenfalls kurz in die Erinnerung zurückholen) noch zum Verweilen »bewegt« werden kann, und sei es auch noch so kurz. Auch Goethe weiß um die Flüchtigkeit des Augenblicks, wenn Faust jenen bekannten Wunsch ausspricht: »Verweile doch, du bist so schön.«

Für wen wäre nicht eine »Stoppuhr«, mit der man die Zeit des Glücks und der Freude stehen lassen könnte, die großartigste Erfindung überhaupt. Aber es wird sie nie geben, diese Stoppuhr. Wir haben zwar immer vollkommenere Uhren entwickelt und können die Zeit auf Hundertstel, Tausendstel, ja Millionstel Sekunden messen und aufteilen. Wir können die Zeit immer besser und genauer messen, aber verlieren wir nicht vielleicht sogar durch diese Zeitmessung, Zeitzerteilung den Blick für den Sinn der Zeit. Werner Mitsch trifft den Kern des Problems, wenn er sagt: »Wie kann der Mensch die Ewigkeit begreifen, solange er noch mit Zehntelsekunden rechnet« und: »Wer dauernd auf die Uhr schaut, wird nie hinter die Zeit blicken.«

Hinter die Zeit blicken, das heißt, irgendwie nach dem Sinn der Zeit fragen. Hat es dieser *Sinn* der Zeit nicht irgendwie mit der Ewigkeit zu tun? Wir als zeitliche Wesen können uns, wie gesagt, Ewigkeit nicht vorstellen. Wir können uns allenfalls Hilfsvorstellungen denken. Denn auch eine endlos verlängerte Zeit, eine Zeit, die endlos verweilt, ist etwas anderes als die Ewigkeit, ja wäre eventuell sogar Langeweile. Oder sie kann uns ganz kurz aufscheinen. Haben Sie noch nie das Erlebnis gehabt, daß in irgendeinem Augenblick etwas von dieser Ewigkeit aufblitzt, aufleuchtet?

»Aufscheinen«, »aufleuchten«, »aufblitzen.« Merkwürdigerweise haben diese Worte etwas mit Licht zu tun. Das Ewige leuchtet herein in die Zeit. Und was ist eine Erleuchtung? Doch wohl auch eine Art Begegnung mit dem Ewigen, plötzlich wird etwas klar, es erscheint in neuem Licht, wir blicken hinter die Dinge, sehen sie in ihrem wirklichen Sein. Der hl. Augustinus vertritt in seiner Philosophie die Auffassung, daß der Mensch nur Mensch werden konnte durch dieses Ereignis der Erleuchtung, dieses Gerufensein vom Ewigen. Und wenn wir hinter die Bilder der Schöpfung des Menschen blicken, dann ist doch das Ereignis, daß der

Mensch von der übrigen Natur herausgehoben wurde, nichts anderes als eine Art Erleuchtung. In dem Augenblick, in dem diesem Wesen zu Bewußtsein kommt, daß es es selber ist und zu sein hat, ist es zum Menschen geworden. Indem der Mensch zum Menschsein gerufen wurde, ist er gleichzeitig über sich hinausgerufen. Pflanze und Tier sind auch dem Wandel der Zeit unterworfen. Sie denken aber über ihre Zeitlichkeit nicht nach. Der Mensch erkennt die Zeit als etwas Vergängliches. Damit trägt er immer irgendwie einen Maßstab des Nichtvergänglichen, Bleibenden, das Ewige in sich. Und dieses Ewige blitzt, wie wir gesehen haben, in jener Ursehnsucht nach Bestand immer wieder auf. Es ist somit irgendwie Bedingung, der Anfang unseres Menschseins. Liegt da nicht der Gedanke nahe, daß es auch unsere Bestimmung, unser Ziel ist?

Der verdrängte Tod

Haben Sie auch schon Ihre Fahrkarte für Kanada, Australien, Neuseeland oder die Bermudas in der Tasche? Noch nicht? Ja, lesen Sie denn keine Zeitungen, hören Sie keine Rundfunkmeldungen, sehen Sie nicht fern? Sie wollen doch nicht etwa sagen, daß sie sich noch nicht von der allgemein verkündeten Angst haben anstecken lassen? Da muß man ja richtiggehend Angst um Sie haben!

Wie eine Seuche grassiert zur Zeit die Angstwelle: Angst vor der Zukunft, Angst vorm Weltkrieg, Angst vorm Leben, Angst vorm Untergang unseres Planeten. Und sicher gibt es zur Zeit auch eine ganze Reihe von Meldungen, die uns Angst einjagen können: die unsichere politische Lage, die Verschmutzung unserer Meere, das gestörte ökologische Gleichgewicht und vieles mehr. Gerade auf dem Sektor des Umweltbewußtseins könnte die Angst aber auch dazu beitragen, daß sich die Menschen etwas einfallen lassen und unseren Planeten nicht weiter so ausbeuten. Angst hat ja den Menschen immer auch zur Flucht nach vorne angespornt, seine Phantasie beflügelt und ihn angetrieben, neue Möglichkeiten zu entdecken, sich zu schützen und abzusichern.

Angst kann Selbstbesinnung und Gegenkräfte aktivieren. Ich habe aber Angst, daß gerade in diesem Punkt das große Heer der Angstmacher nicht mitmacht. Viele der Untergangspropheten steigern nur die Angst und bewirken lediglich eine allmähliche Resignation. Angst kann natürlich auch lähmen. Das geschieht aber vor allem da, wo man immer nur auf die Zwänge um uns verweist und den einzelnen als ohnmächtiges Opfer derselben darstellt. Meines Erachtens führt dieses ständige Angstgerede nur allzu leicht dazu, daß man zwar mit aufgerissenen Augen auf den allgemeinen Weltuntergang starrt, aber seine nähere Umwelt und seine eigenen Probleme nicht mehr sieht. Über dem Blick auf anonyme, globale Probleme verlernen wir, mit uns selbst fertig zu werden, mit uns selbst ins reine zu kommen.

Ich habe einen Bekannten, der hat bereits seine Fahrkarte nach Kanada, wo, wie er glaubt, die Welt nicht untergehen wird. Nun, ich meine zwar, daß eine eventuelle Katastrophe unseren ganzen Planeten bedrohen wird, aber angenommen, Kanada würde wirklich verschont, kommt der Betreffende »Ihm« wirklich aus? Das scheinen mir einige dieser »Aussteiger« zu glauben. Und sie rechnen nicht damit, daß »Er« ihnen schon bei der Überfahrt ein Schnippchen schlagen könne, daß »Er« in Form einer Aufregung, eines kleinen Überfalls, eines Virus, einer Krankheit zuschlagen kann.

»Ihn« aber meine ich, haben wir etwas verdrängt, in einer Zeit der Berechenbarkeit

rechnen wir nicht mehr mit ihm. Wir lesen zwar ständig von ihm, sehen seine Bilder, aber wir sehen ihn halt immer nur als den Tod des anderen. Wie kurzschlüssig es ist zu meinen, man könne dem Gevatter Tod für immer von der Pfanne hüpfen, hat jüngst Sigi Sommer in der Glosse »Wie die Lemminge« festgestellt, als er schrieb, daß er wenig davon hält, sich in eine atomsichere Stahlkugel zu verkriechen, die man tief ins Meer versenkt, weil auch da halt der »Boandlkramer« sowieso mit einsteigen würde.
Mir fällt, wenn ich von den Leuten lese, die meinen, vor ihm auswandern zu können, immer jene Geschichte ein, die eigentlich eine arabische ist. Ich verlagere sie aber in unsere Heimat:
In Landshut lebte vor Jahren ein Kaufmann mit seinem Sohn. Eines Tages war im Ort Jahrmarkt. Der Sohn des Kaufmanns gewahrte zu seinem Schrecken in der Volksmenge plötzlich den Gevatter Tod, der ihn ansah und den Kopf schüttelte. Als er das sah, rannte er, so schnell er konnte, heim und bat seinen Vater: »Bitte gib mir dein bestes Pferd, damit ich weit wegreiten kann! Ich bin dem Tod begegnet und reite nach München, damit er mich nicht erwischen kann.« Als ihm der Vater seinen Wunsch erfüllt hatte, ritt der Sohn schnurstracks los. Der Vater aber lief nun selbst zum Marktplatz und sah den Tod wirklich stehen. Unverzüglich fragte er ihn, warum er denn zuvor seinen Sohn ange-

sehen und den Kopf geschüttelt habe. »Das kann ich dir schon sagen«, meinte der, »ich hab mich nur darüber gewundert, ihn in Landshut zu treffen, wo ich doch den Auftrag habe, ihn heute in München zu holen.«
Es gehört aber zu unserem Menschsein, daß wir mit dem todsichersten aller Ereignisse fertig werden, von dem R. M. Rilke schreibt:
Der Tod ist groß.
Wir sind die Seinen
lachenden Mundes.
Wenn wir uns mitten im Leben meinen,
wagt er zu weinen
mitten in uns.
Ist es nicht geradezu ein gut Teil unserer Daseinsbewältigung, daß wir »Ihn« mit hineinzunehmen versuchen in unser Leben, dennoch diesem Leben zustimmen, so, wie das so großartig in einem alten Gedicht aus dem 17. Jahrhundert gesagt wird:
Ich leb', weiß nicht wie lang,
ich sterb' und weiß nicht wann,
ich fahr', weiß nicht wohin.
Mich wundert's, daß ich so fröhlich bin.
Dieses »Trotzdem-Ja-Sagen« zum Leben – ist es nicht die einzig mögliche Haltung, die unser Dasein ermöglicht? Aus ihr entspringen dann auch Humor und Heiterkeit, die uns helfen, die Gewichte in unserm Leben richtig zu verteilen, weil sie es sind, die uns zeigen können, was im Leben wirklich wichtig und wesentlich ist.

Frieden

Auch wenn es paradox klingt: Er ist zu einem richtigen Schlagwort geworden, der Friede. Es ist ja durchaus erfreulich, daß es sich keine politische Partei, ja kaum eine gesellschaftliche Institution mehr leisten kann, nicht vom Frieden zu reden. Wohin man schaut und hört: Es wird über den Frieden diskutiert. Eine Flut von Büchern über den Frieden, Friedenslieder, Friedensdebatten, Friedenskundgebungen, Friedensdemonstrationen und so weiter. Der Friede ist in aller Munde.

Ausgelöst wurde diese Friedenswelle zweifelsohne durch das Bekanntwerden von Nachrüstungsplänen. Da wurde wieder zum Bewußtsein gebracht, welch ungeheuerer Wahnsinn das Wettrüsten ist, und welche Bedrohung die Atombombe für unsere ganze Erdkugel darstellt. Man wird sich der erschreckenden Tatsache in aller Deutlichkeit bewußt, daß ein Knopfdruck genügt, um unseren Planeten samt seinen Bewohnern in die Luft gehen zu lassen.

Freilich, die Bedrohung der Erde ist keine völlig neue Angelegenheit und, auch wenn es ketzerisch klingen mag, sie wird auch mit ein paar Raketen hin und her nicht viel größer. Ich sehe also das Ärgerlichste an dieser Form der Wettrüstung in erster Linie in dem Wahnsinn, immer noch mehr Geld auszugeben, um gegenseitig noch mehr Abschreckungseffekt zu erreichen. Gibt es denn noch mehr Abschreckung als die Vernichtung aller Zivilisation, die, wie gesagt, doch wohl schon seit Jahren möglich ist.

Manès Sperber hat in seiner Dankrede anläßlich der Verleihung des Friedenspreises des Deutschen Buchhandels etwas sehr Wichtiges gesagt: »Wer anstatt über die Quelle und die Gründe der Kriegsgefahr nachzudenken, seinen leidenschaftlichen Protest nur auf die Waffen, und wären es die mörderischsten, reduziert, vermeidet, bewußt oder unbewußt, die Suche nach dem Feuerherd und erliegt der heute weit verbreiteten Neigung, die Mittel mit den Zielen zu verwechseln.«

Ich darf nochmals betonen, wie grauenhaft ich Atomwaffen finde und wie sehr ich gegen Rüstung jedweder Form bin. Zwischen einem Krieg mit herkömmlichen Waffen und Atombomben mag ein ganz gewaltiger quantitativer Unterschied sein, im qualitativen Sinn ist aber jeder Krieg, so oder so geführt, gleich grauenhaft. Vom Betroffenen her betrachtet ist es gleich schlimm, ob er von einer konventionellen Waffe getroffen, zermartert und zerstückelt wird, oder ob ihn der Atomtod trifft. Gestorben wird allemal, und was das »Wie« betrifft, so hat sich die Kriegstechnik auch früher schon einiges einfallen lassen, um den Tod so entsetzlich wie möglich zu machen.

Zweifelsohne ist die Tatsache, daß der Mensch seinen Mitmenschen im Streit, im Kampf, im Krieg tötet, *der* Skandal schlechthin in der Geschichte der Menschheit und dies seit Kain und Abel. Dieses Umbringen kann sich recht unterschiedlich darstellen. Das geht bis zur unterlassenen Hilfe, wenn man den anderen umkommen läßt. Für mich ist jedes Kind auf der Welt, das an Hunger sterben muß, während andere im Überfluß leben, ein ebensolcher Skandal wie die Rüstung.

Die große Problematik unserer Denkweise ist, meine ich, daß sie zu global, zu kollektiv ist. Erst wenn sich die gesamte Menschheit bedroht sieht, kommt es zu einer Bewegung. Hätten nicht schon längst zum Beispiel die vielen Bilder von hungernden Kindern Indiens und Afrikas genügen müssen, um mehr Bewegung in die Menschen zu bringen? Vielleicht denken wir hier zu wenig an den einzelnen und sein Schicksal. Geht es nicht im Denken um den Frieden schon wieder viel zu pauschal und prinzipiell zu? Mag der Friede eine noch so großartige Idee, ein noch so hoher Wert sein, er wird erst Realität werden, wenn wir ihn vom konkreten Menschen und den zwischenmenschlichen Beziehungen her denken. Die Gefahr jeder Wertphilosophie ist, daß sie im Abstrakten steckenbleibt, ja verallgemeinernd am einzelnen Menschen vorbeisieht. Friede kann nicht einfach gleichgesetzt werden mit Abwesenheit von

Krieg, mit Ruhe und dergleichen. Friede ist mehr. Spinoza sagt: »Friede ist eine Tugend, eine Geisteshaltung, eine Neigung zu Güte, Vertrauen, Gerechtigkeit.«
Er ist aber noch mehr, er ist auch aus dieser Haltung heraus gelebtes Leben. Friede ist Leben, nicht Ruhe, er ist Aktivität und Einsatz. Wenn man in Frieden, in Ruhe gelassen wird, muß das nicht heißen, daß dieser Zustand schon ein be-*fried*-igender ist. Dieses Inruhegelassenwerden ist lediglich Voraussetzung, Grundlage für ein Leben in Frieden. Für ein Leben in Frieden ist man ständig herausgefordert, Frieden neu herzustellen, gegen das Böse, gegen Ungerechtigkeit und Leid anzufechten und Frieden zu stiften. Der große Friede ist ein wichtiges Ziel und wird es immer sein. Ich bin so optimistisch, daß ich an ihn glaube, auch wenn uns Giraudoux' Wort in »Ihren Krieg in Troja« (I,3) zu denken gibt: »Wenn alle Mütter ihren Söhnen den rechten Zeigefinger abschneiden, dann werden die Armeen in der ganzen Welt ohne Zeigefinger Krieg führen. Wenn sie ihren Söhnen das rechte Bein amputieren, nun, so werden die Armeen einbeinig sein. Und wenn sie ihnen die Augen ausstechen, dann werden die Armeen aus Blinden bestehen. Aber Armeen wird es geben, und im Handgemenge werden sie einander mit tastenden Fingern an die Kehle fahren.«
Der große Friede muß aber Utopie bleiben,

wenn nicht der einzelne Mensch sich mit seinen Möglichkeiten im Nahbereich für ihn verantwortlich weiß und ihn auch praktiziert. Gelebter Friede ist unter anderem die Anerkennung des andern in seiner Andersartigkeit, Toleranz, die Bereitschaft zum Miteinanderreden, zur Versöhnung, zum Kompromiß. Friedenserziehung beginnt schon früh in der Familie und wird – ohne daß sie ein eigenes Fach werden muß – Prinzip für den Unterricht. Im Lehrplan für die Grundschule in Bayern finden wir zum Beispiel folgende Ziele: Die Bedeutung sozialen Verhaltens einsehen. Einen eigenen Beitrag zum geordneten Zusammenleben leisten. Einblick in das Zusammenleben mit Nachbarn. Erleben und Mitgestalten von Gemeinschaft.
Im Detail stehen dann unter anderem folgende Themen zur Auswahl: In konkreten Lebenssituationen im Schulalltag aufzeigen, daß wir füreinander verantwortlich sind (z. B. Annehmen von neuen Mitschülern, Ausländerkinder, Hilfestellung beim Sport), Erörtern von Meinungsverschiedenheiten. Möglichkeiten ausdenken, wie man Streit vermeiden beziehungsweise beilegen kann. Erproben im Rollenspiel. Anleiten zum Sich-Einfühlen in andere Kinder, zum Beispiel in ein krankes oder behindertes Kind und seine Situation; Überlegungen, wie wir ihm helfen können. Anbahnen der Einstellung, Mitschüler in ihrem Anderssein gelten zu lassen, z. B. ausländische Kinder. Die Einsicht herbei-

führen, daß jeder Fehler machen kann und daß es notwendig ist, einander zu verzeihen, sich zu versöhnen, nicht nachzutragen, wiedergutzumachen.
Diese Ziele stellen meines Erachtens die Grundlagen für weitere Ziele dar, die zum Geist der Völkerverständigung hinführen können. In den »Obersten Bildungszielen in Bayern« finden wir dazu folgende Sätze: »Die Schule kann ihren Beitrag zur Völkerverständigung leisten, indem sie in den Schülern Verständnis weckt für die Notwendigkeit und Bedingungen eines friedvollen Zusammenlebens und Zusammenwirkens der Nationen, damit die gemeinsamen Zukunftsaufgaben gelöst werden.«
Ziele der Erziehung sind dann u. a. die Einsicht, daß die Erhaltung menschenwürdiger Lebensbedingungen auf der Welt nur im gemeinsamen Bemühen aller Völker erreicht und gewährleistet werden kann. Die Bereitschaft, in seinem Lebensbereich nach seinen Möglichkeiten zur Versöhnung der Völker beizutragen und dafür Opfer zu bringen. Die Erkenntnis der Möglichkeiten, im eigenen kleinen Bereich für eine Politik des Friedens und der Gerechtigkeit Verantwortung zu tragen.
Halten wir fest: Der Wille zum Frieden darf nicht eine bloße Modeerscheinung sein. Er ist ein ständig aufgegebenes Ziel im Nah- und Fernbereich. Friede ist abhängig von der Einstellung jedes einzelnen Menschen zum andern,

aber auch zu sich selbst. In diesem Sinne ist es auch notwendig, das Verhältnis zu sich und zum eigenen Leben zu überprüfen. Wer mit sich selbst nicht in Frieden lebt, tut sich auch sehr schwer, mit anderen auszukommen. Und wie im erzieherischen Bereich gilt auch für die Friedenserziehung, daß das persönliche Vorbild ganz entscheidend wirkt.

Wir dürfen bei allen Bemühungen um den Frieden im weltweiten politischen Bereich nicht den »kleinen Frieden« im Nahbereich vergessen. Dieser Friede ist nur erreichbar, wenn wir uns um ihn bemühen und für ihn einsetzen. Er bedarf nicht vieler Worte, sondern schneller Taten. Albert Einstein sagte von unserer Zeit: »Welch eine triste Epoche, in der es leichter ist, ein Atom zu zertrümmern als ein Vorurteil.« Er wußte um diese unsere große menschliche Schwäche, vom Wissen zur Tat zu gelangen und sich aus dem Wissen ein Gewissen zu machen.

Glück

Kein Wort wird um den Jahreswechsel herum wohl so oft ausgesprochen, geschrieben und verschickt wie das Wörtchen Glück. Wir wünschen es einander, wenn der Zeiger der Uhr seinen ersten Millimeter vom alten ins neue Jahr hineingewagt hat, wünschen es am Morgen des Neujahrstages den anderen und erwarten auch, daß man es uns wünscht. Vielleicht ist es da und dort auch reine Floskel geworden, genau wie ein »guten Tag«, »Wie geht's«, vielleicht aber denken wir auch noch darüber nach, was dieses Wort eigentlich meinen kann, mit dem man auch den jungen Erdenbürger auf dieser Welt empfängt, indem man ihm ein glückliches Leben wünscht.

Glück: Dieses kurze Wort ist möglicherweise das wichtigste für den Menschen. Kreist nicht all unser Handeln und Streben um diesen Begriff, und ist es nicht ausgesprochener- oder unausgesprochenerweise das ständige Ziel unseres Lebens? »Glücklich leben«, meint Seneca, »will jedermann, aber was zu einem solchen glücklichen Leben gehört, das ist den meisten unklar und verborgen.« Und Solschenizyn sagt: »Der Sinn des Lebens, das ist Glück.«

Doch was ist es nun, dieses Glück? Wir reden davon, wünschen es uns, glauben, es zu haben und trauern ihm nach. Wolf Schneider fragt:

»Ist es fröhlicher Trubel oder abgeklärte Ruhe? Das Bewußtsein edler Pflichterfüllung oder ein gelungener Coup? Ist es Romeos einzige Liebe oder Don Juans Leidenschaft ...? Ist das Glück verloren, seit wir der warmen Geborgenheit des Mutterleibes entrissen worden sind ...? Ist es gewonnen, wenn die Gesellschaft sich in den paradiesischen Endzustand des Kommunismus schwingt? ... Ist es ein Akt der Nächstenliebe oder ein Lottogewinn?«
Hugo von Hofmannsthal antwortet auf die Frage: »Glück ist alles, Stunde, Wind und Welle« und Glück ist »ein buntes Nichts, vom Traum gewebt.«
Viele haben versucht, das Glück mit ein paar Worten zu umschreiben. Nur ein paar Bestimmungsversuche seien erwähnt: »Glück ist nie genau das, was man sich darunter vorgestellt hat« (Somerset Maugham). »Glück ist das Talent für das Schicksal« (Novalis). »Alles, was die Seele durcheinanderrüttelt, ist Glück« (Arthur Schnitzler). »Ein tiefgehendes, instinktives Einssein mit dem Strom des Lebens« (Bertrand Russell). »Gott, was ist Glück: eine Grießsuppe, eine Schlafstelle, keine körperlichen Schmerzen – das ist schon viel« (Theodor Fontane) »Das Wenigste, gerade das Leiseste, Leichteste, einer Eidechse Rascheln, ein Hauch, ein Husch, ein Augenblick – wenig macht die Art des besten Glücks« (Friedrich Nietzsche).

Viele Aussagen stimmen darüber überein, daß das Glück etwas Augenblickliches, Flüchtiges ist: »Glück ist der Augenblick, den wir nicht gegen das Nichtsein eintauschen wollen« (Montesquieu). Glück, Glücklichkeit ist ein Ding des Augenblicks, und selbst in der bescheidenen Form der Zufriedenheit ist es Vergänglich-Zeitliches. Man kann den Augenblick nicht halten, und was man behält, wird farblos« (Teilhard de Chardin). Glück ist bestimmt etwas Individuelles, Persönliches. Für jeden ist das Glück etwas anderes, und es hängt von der Situation, vom Augenblick ab, was wir gerade als Glück empfinden: der Schluck Wasser aus einer Quelle nach einer langen Wanderung, der uns sonst vielleicht überhaupt nichts bedeutet. Der wärmende Ofen, wenn wir aus der Winterkälte in die Geborgenheit des Hauses zurückkommen, ebenso der schattige Baum, der uns bei Sommerhitze Kühlung gewährt.

Glück erwächst aus dem Augenblick, und oft nehmen wir es erst wahr, wenn es vorbei ist: »Glück ist etwas«, meint Marcel Achard, »das man zum erstenmal wahrnimmt, wenn es sich mit großem Getöse verabschiedet.« Glück läßt sich in seiner Augenblicklichkeit, Unberechenbarkeit und Schicksalshaftigkeit nicht machen, konstruieren, planen. Die »Glückspille« gibt es Gott sei Dank nicht, und alle Versuche, mittels Drogen Glück künstlich zu erzeugen, haben immer wieder in den tiefen Sturz der Selbstvernichtung geführt. Wir müssen uns damit abfinden, daß sich Glück nicht festhalten und breittreten läßt. Wolf Schneider fragt: »Wenn der befreiende, betörende Schlußakkord einer Symphonie verlängert würde, auf Minuten, und warum nicht auf Stunden oder Tage ... – wann spätestens würde der Genuß umschlagen in die Gleichgültigkeit, die Abstumpfung, den Widerwillen?«

Glück lebt aus dem Augenblick, und es lebt aus dem Kontrast. Dazu gehört auch, daß es kein endloses oder auch endgültiges irdisches Glück geben kann. Glück ist von unserer menschlichen Existenz her auch immer in Frage gestellt, denn wir wissen, daß wir als Sterbliche immer vom Ende bedroht sind, daß sich nichts halten läßt. Und dennoch erwächst vielleicht gerade vom Blick auf das Ende her jenes Bewußtsein von der Kostbarkeit des Augenblicks, in dem vielleicht etwas von dem ganz großen endgültigen Glück herein- oder herüberblitzt.

Glück, sagten wir, läßt sich nicht machen und nicht planen. Wir können uns wohl aber etwas »einüben« in die Glücksbereitschaft, wir können lernen, etwas von den vielen Glücksmöglichkeiten um uns wahrzunehmen. Die Literatur ist voll von Aussagen, die auch uns die Sinne für unsere Glückschancen öffnen. Und sei es nur das »Tirili, tirili! Ich lebe!«, das Heinrich Heine in seinen »Italienischen Reisebildern« ruft, jenes Glücksempfinden, da sein zu dürfen, das Leben als Geschenk bekommen zu haben. Mehr Glück, sagt Nietzsche in »Menschliches – Allzumenschliches« gebe es auf Erden »als trübe Augen sehen: wenn man nämlich . . . nur alle jene Momente des Behagens, an welchen jeder Tag in jedem, auch dem bedrängtesten Menschenleben reich ist, nicht vergißt.«

Wolf Schneider hat einige Minuten Glück aufgestöbert in der Literatur: Ein Bett, in das man sinken kann. Die Blume auf einem fernen Stern, an die zu denken den »kleinen Prinzen« glücklich macht. Die sauren Stachelbeeren, an denen sich bei Tschechow der arme Gutsbesitzer labt, weil sie selbst geerntet sind. Begonien gießen und die Blätter berühren wie die hundertjährige Blinde, die Jorge Luis Borges darum ›glücklich‹ nennt. A Haus und a Kuh und a Millisupperl in der Fruh – die Erdenwünsche der »Rumpelhanni« bei Lena Christ. Und sie ließen sich beliebig vermehren, diese Beispiele. Wer im Übermaß fündig werden will, der lese bei dem Münchner Schriftsteller Sigi Sommer nach, der ein Gespür ohnegleichen für das kleine Glück im Alltag hat. Man müßte ihn ohnehin zur Pflichtlektüre erklären. Und wer dann noch jammert, daß dieses Leben langweilig und leer ist, dem ist nicht mehr zu helfen.

Glück ist aber auch nicht zuletzt da, wo man es weitergibt. »Glücklich machen«, meint Fontane, »ist das höchste Glück.« Wenn wir an jenem ersten Tag im Jahr den anderen Glück im neuen Jahr wünschen, dann sollten wir es nicht bloß bei dem frommen Wunsch belassen, sondern auch selbst ein wenig Augen und Ohren aufmachen, wann, wie und wo es uns glücken kann, ein wenig von dem kleinen Glück in diese Welt zu bringen. Ich wünsche viel Glück dabei.

Daran will ich glauben

Daß das Leben das größte Geschenk ist, das es gibt,
ein Geschenk, das es wert ist, daß man es liebt.
Daß die Erde ein Stern ist, auf dem sich's gut wohnt,
unsere Heimat so schön ist, daß sich Freud' an ihr lohnt.
Daß die Welt voller Wunder und Herrlichkeit ist,
wenn man nur nicht das Schauen und Staunen vergißt.
Daß mein Platz mir gegeben, ein Ziel mir gestellt,
und daß ich gebraucht werde auf dieser Welt,
denn wir Menschen sind Brüder ob fern oder nah
und wir sind für die Liebe zum Nächsten auch da.
Daß in dunkleren Stunden Vertrauen mich trägt,
Vertrauen ans Leben, weil es Gott mit uns lebt.
Daß er, unser Vater und gütiger Gott
mein Leben beschirmt in Freud und in Not.
Daran will ich glauben, glauben ganz fest
und ich hoff', daß der Glaube mich niemals verläßt.

Zweite Auflage 1988
 ISBN 3-475-52448-1

Dieses Buch erscheint in der Reihe »Rosenheimer Raritäten« im Rosenheimer Verlagshaus Alfred Förg GmbH & Co. KG, Rosenheim.
Es wurde gesetzt von Bruno Leingärtner in Nabburg, gedruckt bei Wagner in Nördlingen und gebunden bei Hans Klotz in Augsburg.
Der Umschlag wurde gestaltet von Ulrich Eichberger unter Verwendung eines Fotos von Josef Klingshirn-Köhler.